U0944001

中国—中东欧研究院丛书

CHINA-CEE INSTITUTE

中东欧国家如何看待中国的发展

——基于对中东欧居民的问卷调查报告

How the CEE Citizens View China's Development
- Based on a Household Survey -

陈新◎主编

中国社会科学出版社

图书在版编目(CIP)数据

中东欧国家如何看待中国的发展：基于对中东欧居民的问卷调查报告/陈新主编.—北京：中国社会科学出版社，2018.5

(中国—中东欧研究院丛书)

ISBN 978-7-5203-2065-8

Ⅰ.①中…　Ⅱ.①陈…　Ⅲ.①中外关系—研究—欧洲
Ⅳ.①D822.35

中国版本图书馆CIP数据核字（2018）第027421号

出 版 人　赵剑英
责任编辑　范晨星
责任校对　冯英爽
责任印制　王　超

出　　版　中国社会科学出版社
社　　址　北京鼓楼西大街甲158号
邮　　编　100720
网　　址　http://www.csspw.cn
发 行 部　010-84083685
门 市 部　010-84029450
经　　销　新华书店及其他书店

印刷装订　北京君升印刷有限公司
版　　次　2018年5月第1版
印　　次　2018年5月第1次印刷

开　　本　710×1000　1/16
印　　张　7.75
插　　页　2
字　　数　98千字
定　　价　68.00元

目　录

上篇　总报告

下篇　国别报告

上篇　总报告

一　总体结论

中国在与中东欧国家的经贸关系中发挥了越来越大的作用。中东欧国家的民众也意识到了这个事实。但是，到目前为止，还没有任何反映民众对中东欧国家与中国经济和贸易关系发展看法的研究。为了填补这一空白，中国—中东欧研究院通过与匈牙利经济研究院（GKI）合作，委托欧洲知名民调机构对中东欧地区 16 个国家的家庭进行了一项调查。中国—中东欧研究院贺之杲博士、马骏驰以及中国社会科学院俄罗斯东欧中亚研究所《欧亚经济》编辑部副主任李丹琳博士参加并承担了报告的翻译工作。

调查结果表明，中东欧国家的成年民众有 59% 的人认为中国在过去的两年中经济发展快，31% 的人认为非常快，只有 6% 的人认为发展慢。利用欧盟联合研究方法，我们将答案由 1 至 5 转换为从 -100 至 +100，平均值为 +41，这说明在中东欧国家居民眼中，中国经济发展是快速的。斯洛文尼亚、罗马尼亚、塞尔维亚和保加利亚等国居民认为，中国经济发展非常快（从 +57 至 +61），波黑和马其顿对中国经济发展速度评价最低（+27）。

在接受调查的中东欧国家民众中，有 61% 的人认为在过去 5 年中，中国在世界上的重要性有所提高，32% 的人认为有很大提升，只有 4% 的人认为在下降。在 -100 至 +100 的范围内，平均值为 +43，说明中国的地位有很大的改善。斯洛文尼亚居民认为中国的重要程度最高（+63），波黑居民的分值较少，但

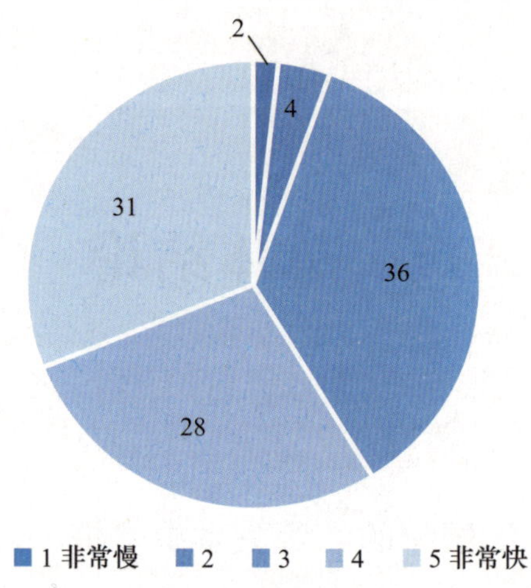

图 1 你如何评价中国最近两年的经济发展？（%）

资料来源：中国—中东欧研究院、匈牙利经济研究院（GKI）2017 年秋季调查问卷。

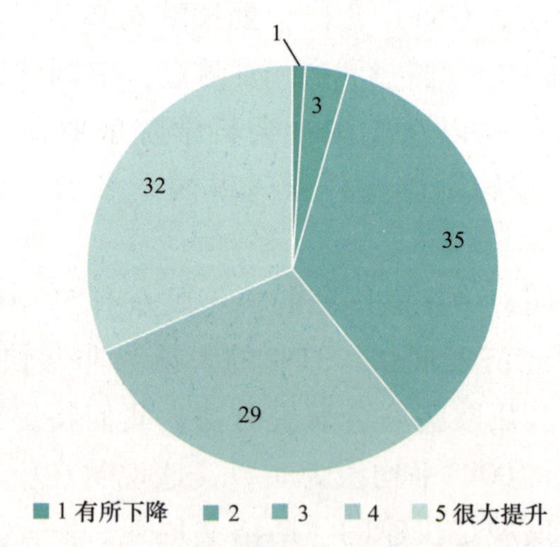

图 2 中国最近 5 年在世界上的重要性如何？（%）

资料来源：中国—中东欧研究院、匈牙利经济研究院（GKI）2017 年秋季调查问卷。

也认为中国的重要程度有所提升（+24）。

中东欧成年人口中有 55% 的人已经听说过中国与中东欧国家的合作，而 45% 的人没有听说过。在听说过中国与中东欧合作的人群当中有一半并不了解是关于什么，44% 的人了解一些，而4%的人知道很多细节，2%的人表示他们完全清楚。了解情况最多的国家是波兰、塞尔维亚和阿尔巴尼亚，同时罗马尼亚也了解这些情况，但知道的细节较少，而爱沙尼亚、立陶宛和保加利亚则是知情度较低的国家。

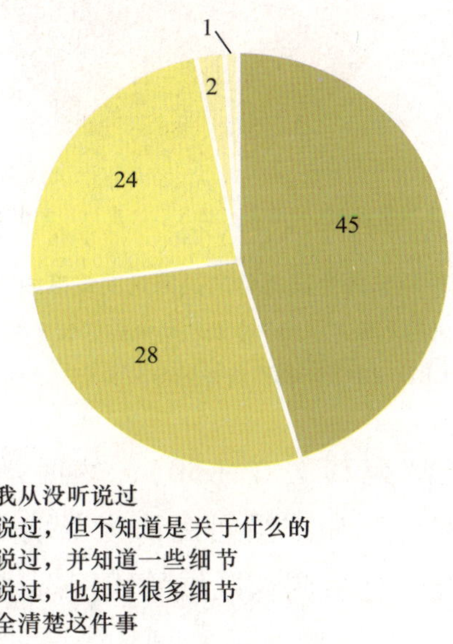

图3　你听说过中国和中东欧国家的合作（“16+1”）吗？（%）

资料来源：中国—中东欧研究院、匈牙利经济研究院（GKI）2017年秋季调查问卷。

中东欧地区的民众认为中国与中东欧各国之间的关系紧密的比重（占总数的26%）大于认为关系松散的比重（占总数的24%），另外，有一半的人对此问题持中立态度。在认为关系紧密的国家当中，塞尔维亚民众认为关系最紧密，黑山民众的态度位列第二，匈牙利位列第三；而波罗的海三国认为关系最松散。

中东欧国家成年人口中有34%的人群认为，在未来5年，“一带一路”倡议（旨在加强中国与中东欧国家间贸易和经济关系）可能产生卓有成效的影响，14%的人认为将是非常卓有成效。另外，10%认为影响中等，只有5%的人认为这个倡议根本没有影响。塞尔维亚居民认为该倡议在未来5年可能产生的效果

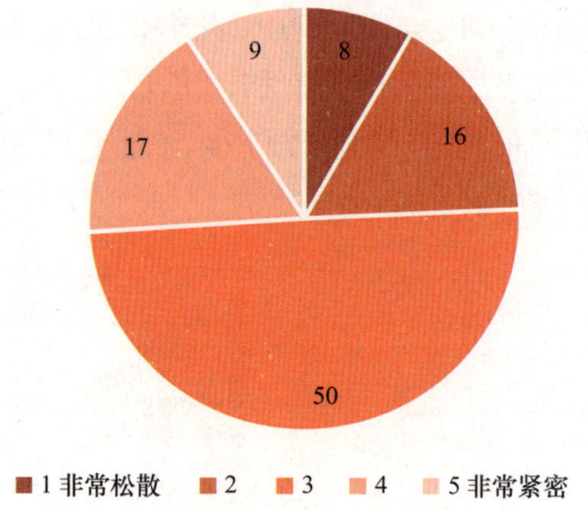

图4 你认为中国与你的国家之间关系如何？(%)

资料来源：中国—中东欧研究院、匈牙利经济研究院（GKI）2017 年秋季调查问卷。

最好（+31），立陶宛其次（+30），然后是罗马尼亚（+26），但爱沙尼亚、克罗地亚和波黑居民认为影响非常小。该问题答卷平均值为+13，说明整个调查区域的积极态度高于平均水平。

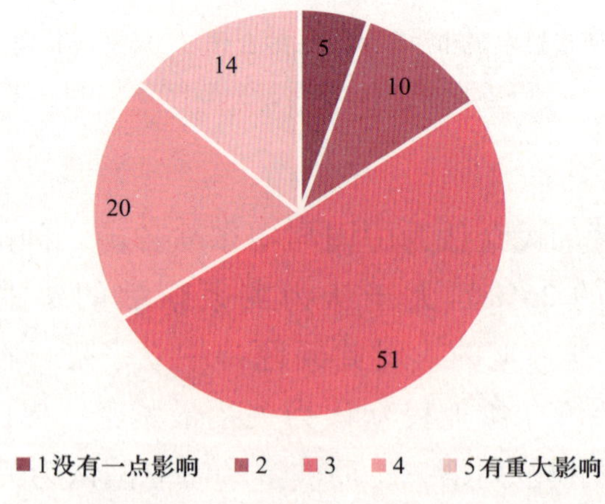

图5 你对旨在加强中国与中东欧国家之间贸易和经济关系的“一带一路”倡议在未来5年所产生的影响如何看待？(%)

资料来源：中国—中东欧研究院、匈牙利经济研究院（GKI）2017 年秋季调查问卷。

图6显示了中东欧国家民众对五个问题回答的平均值，从－100至＋100之间。

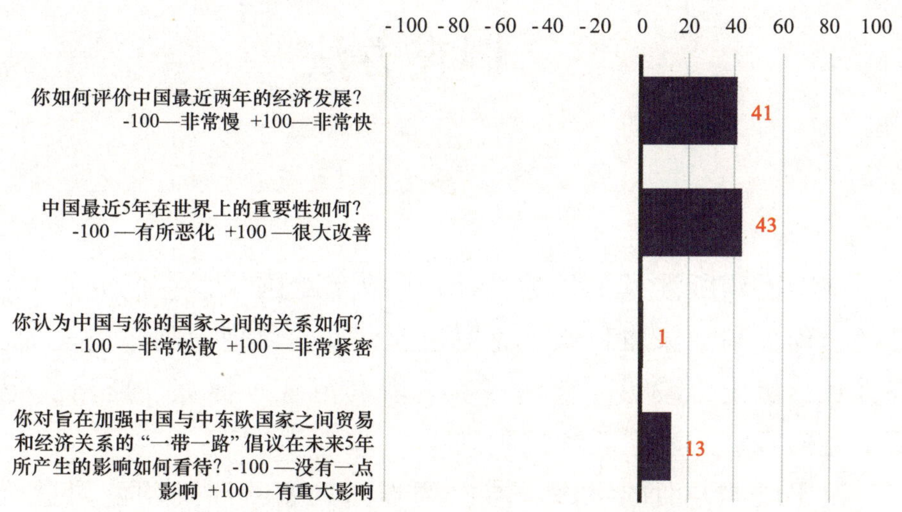

图6　中东欧国家民众对四个问题回答的平均值

资料来源：中国—中东欧研究院、匈牙利经济研究院（GKI）2017年秋季调查问卷。

二　调查方法

本次民调所涉及的国家为 16 个中东欧国家，它们分别是：波兰、匈牙利、保加利亚、克罗地亚、塞尔维亚、阿尔巴尼亚、马其顿、黑山、波黑、斯洛伐克、罗马尼亚、捷克、斯洛文尼亚、立陶宛、爱沙尼亚和拉脱维亚。

出于成本方面的考虑，本次调查同三家欧洲民调公司进行合作，它们是 Ipsos、GFK 和 TNS Kantor。每个国家的样本量都是相同的，为 1000 份，在整个中东欧地区样本总数为 1.6 万。调查样本按照年龄、性别和教育分类。由于调查的时间较紧迫，加上不同的国家在人口特征方面的差异，以及所合作公司采取的调查方法的差异，我们采用了三种不同的调查方法：第一种，在 12 个国家中采用 CAPI 方法，即面对面采访；第二种，在 3 个国家采用 CAWI 方法，即在线采访；第三种，在 1 个国家采用 CATI 方法，即电话采访。

我们向中东欧国家的居民询问以下 5 个问题，大部分采用李克特量表（从 1 至 5）。

第一个问题：你如何评价中国最近两年的经济发展？

1—非常慢　5—非常快

第二个问题：中国最近 5 年在世界上的重要性有没有发生变化？

1—有所下降　5—很大提升

第三个问题：你认为中国与你的国家之间关系如何？

1—非常松散　5—非常紧密

第四个问题：你听说过中国与中东欧国家的合作（“16+1”）吗？

1—不，我从没听说过

2—我听说过，但不知道是关于什么的

3—我听说过，并知道一些细节

4—我听说过，也知道很多细节

5—我完全清楚这件事

第五个问题：你对旨在加强中国与中东欧国家之间贸易和经济关系的“一带一路”倡议在未来5年所产生的影响如何看待？

1—没有一点影响　5—有重大影响

下面，我们将对16国民众对以上5个问题的回答进行总体分析。

问题一　如何评价中国最近两年的经济发展成果

中东欧接受调查的成年人口中，有近2/3（59%）的人认为中国经济在最近两年发展很快，31%的人认为非常快，只有6%的人认为慢，2%的人认为很慢。余下的36%的人对此问题持中立态度。认为中国经济发展速度非常快的国家为：保加利亚（47%）、塞尔维亚（47%）、斯洛文尼亚（44%）和罗马尼亚（43%）。认为中国经济发展速度非常慢的国家为：匈牙利（20%）、捷克（21%）、立陶宛（24%）和波黑（24%）。

根据欧盟联合研究方法，将1至5级转换为-100至+100区域，以消除中性答案，更好地显示国家之间的较小差异。斯洛文尼亚、罗马尼亚、塞尔维亚和保加利亚的居民（在+57至+61之间）认为中国的经济发展速度非常快，而波黑和马其顿居民认为中国经济发展速度非常慢（+27），其他国家在+33

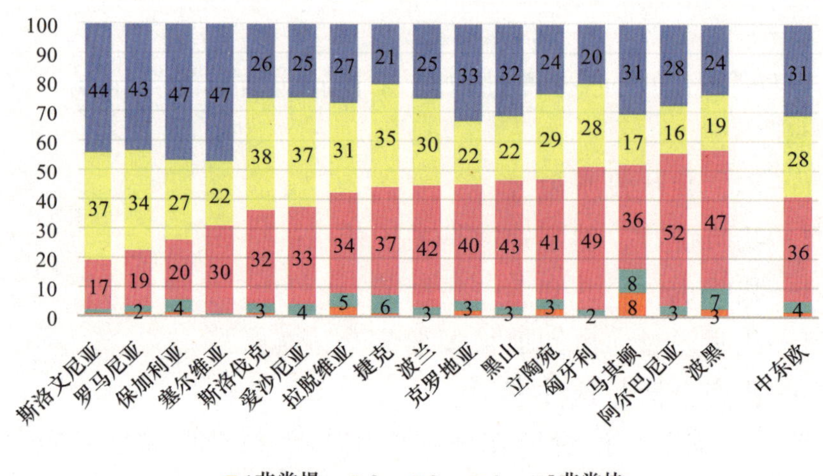

图 7 你如何评价中国最近两年的经济发展？（%）

资料来源：中国—中东欧研究院、匈牙利经济研究院（GKI）2017 年秋季调查问卷。

至 +42 之间。平均值为 +41，这表明整个调查区域认为中国经济发展速度非常快。

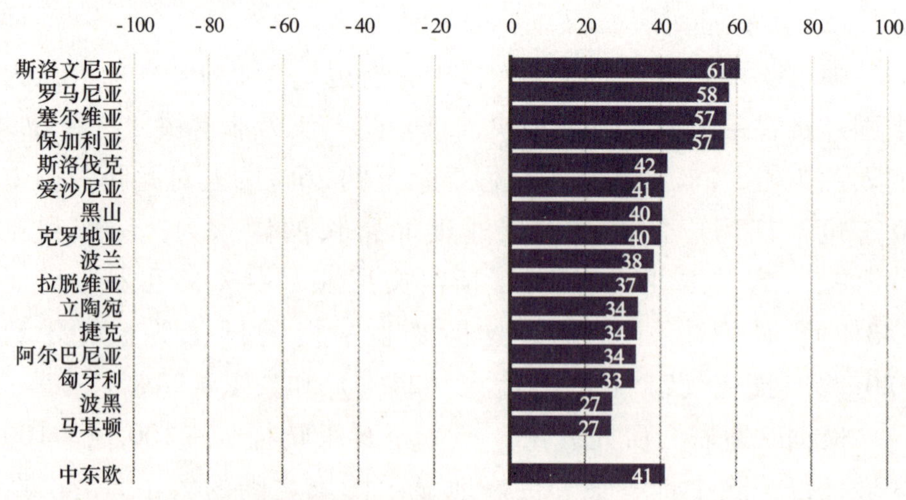

图 8 你如何评价中国最近两年的经济发展？

-100—非常慢 +100—非常快（平均值）

资料来源：中国—中东欧研究院、匈牙利经济研究院（GKI）2017 年秋季调查问卷。

欧盟从统计学的角度把包括所有成员国在内的区域分为3类，其中包括98个一级地区，276个二级地区和1342个三级地区。从地区角度来看，在二级地区（NUTS2）中，认为中国经济发展速度非常快的前三个地区是罗马尼亚的南蒙特尼亚（+67）、保加利亚的鲁塞（+66）和瓦尔纳（+63），而评价最低的是波黑的四个地区：黑塞哥维那（-15），波萨维纳、波斯尼亚和布尔奇科合并起来的小州（-1），乌纳—萨纳州（+13）和泽尼察—多博伊州（+13）。

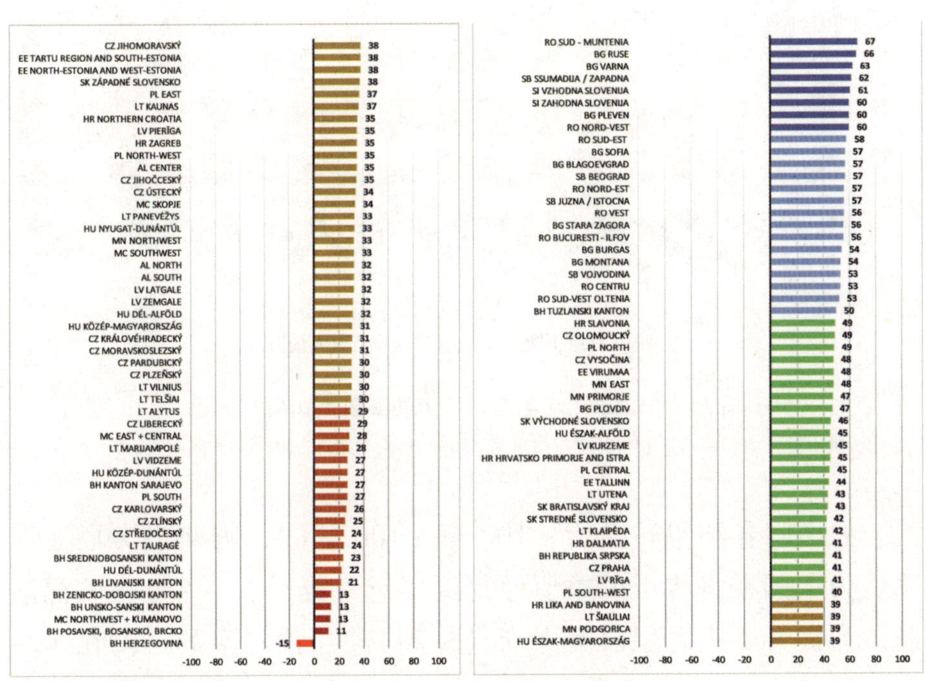

图9 你如何评价中国最近两年的经济发展?

-100—非常慢 +100—非常快（平均值）

资料来源：中国—中东欧研究院、匈牙利经济研究院（GKI）2017年秋季调查问卷。

问题二 如何看待近5年中国在世界上地位的变化

与上一个问题类似，中东欧国家人群中有相当大的比重

（61%）认为过去5年中中国在世界上的重要性有了提升，32%的人认为提升了很多，只有4%的人认为中国的重要性在下降，其中1%的人认为有所下降，其余35%的人在这个问题上持中立态度。认为提升很多的国家为：塞尔维亚（48%）、斯洛文尼亚（45%）和罗马尼亚（43%）。认为提升较小的国家为：捷克（19%）、匈牙利（22%）、波兰（22%）和波黑（22%）。

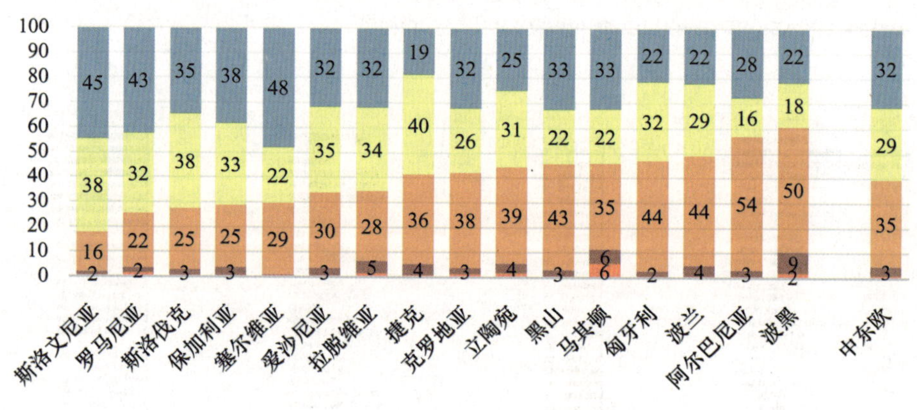

图10 中国最近5年在世界上的重要性如何？（%）

资料来源：中国—中东欧研究院、匈牙利经济研究院（GKI）2017年秋季调查问卷。

如果问卷结果转换为 -100 至 +100 区间，则斯洛文尼亚居民认为中国在世界上的重要性得到了重大提升（+63），波黑居民认为提升不大，但没有下降（+24）。其他国家的态度在 +34 至 +59 之间。平均值为 +43，说明该地区居民认为中国在世界上的重要性有很大提升。

在二级地区（NUTS2），认为中国在世界上重要性提升最多的前三名地区为：斯洛文尼亚的东斯洛文尼亚（+64）、罗马尼亚的东南地区（+63）和保加利亚的布拉戈耶夫格勒（+63），而波黑的四个地区：黑塞哥维那（-2），泽尼察—多博伊州（0）、波萨维纳、波斯尼亚和布尔奇科合并的小州（+4）则持中立态度。

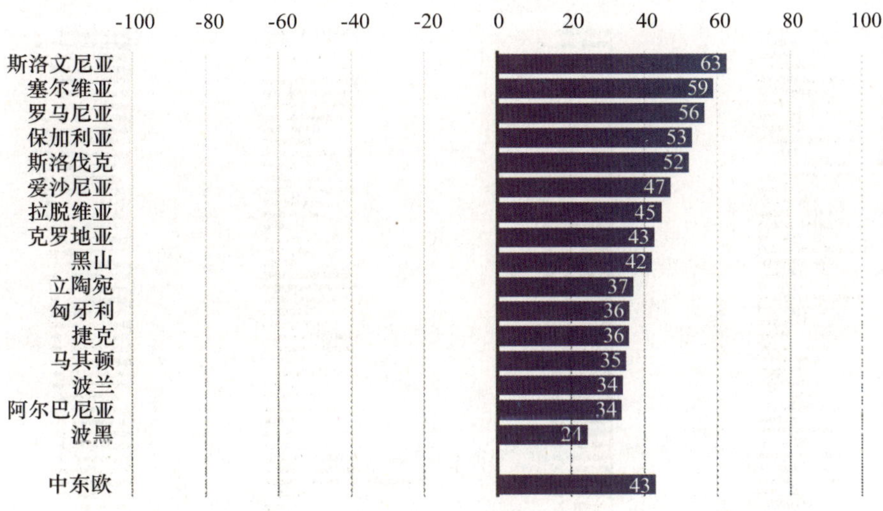

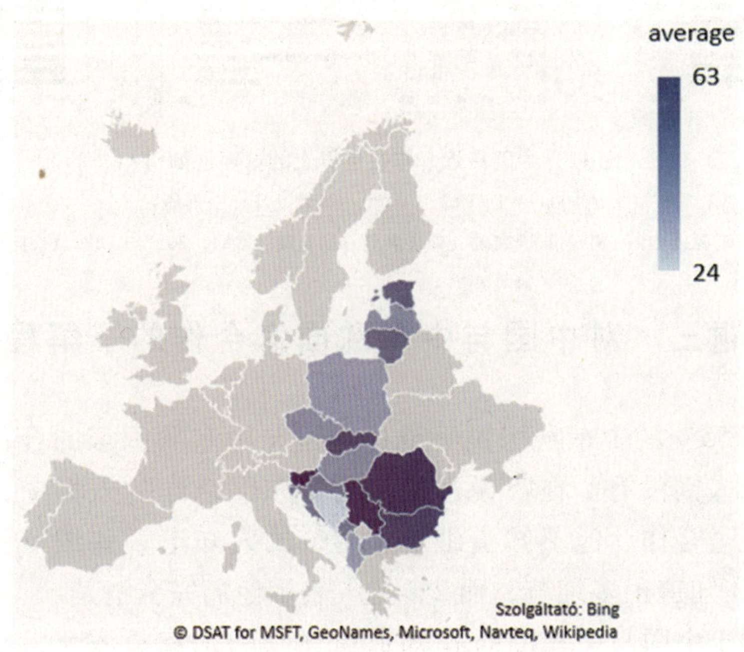

图 11　中国最近 5 年在世界上的重要性如何?

-100—有所下降　+100—很大提升（平均值）

资料来源：中国—中东欧研究院、匈牙利经济研究院（GKI）2017年秋季调查问卷。

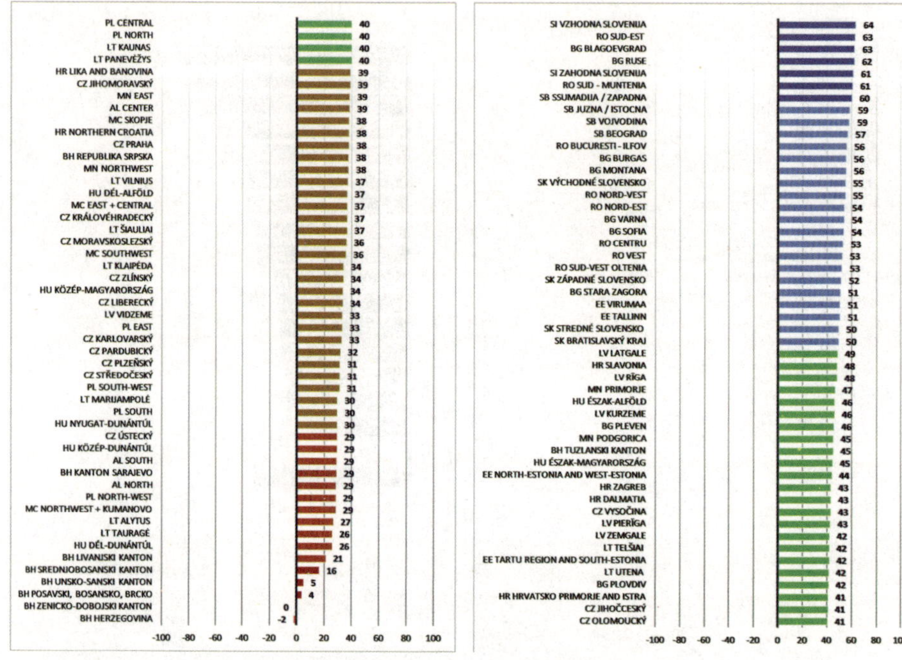

图 12　中国最近 5 年在世界上的重要性如何?

-100—有所下降　+100—很大提升（平均值）

资料来源：中国—中东欧研究院、匈牙利经济研究院（GKI）2017 年秋季调查问卷。

问题三　对中国与中东欧国家合作的了解程度

有 55% 的中东欧居民听说过中国与中东欧国家的合作，而 45% 的人则没有。在听说过中国与中东欧合作的人群中，有一半听说过合作，但不知道细节，44% 的人知道一些细节，只有 4% 的人知道很多细节，而 2% 的人表示他们完全清楚。

对于中国与中东欧合作知道最详细的国家是波兰、塞尔维亚和阿尔巴尼亚。同时，罗马尼亚居民也知道双方的合作，但细节知道得较少，而爱沙尼亚、立陶宛和保加利亚是知情度最低的国家。值得注意的是，保加利亚对中国发展的认知度较低，同时也不知道保加利亚与中国之间的合作。

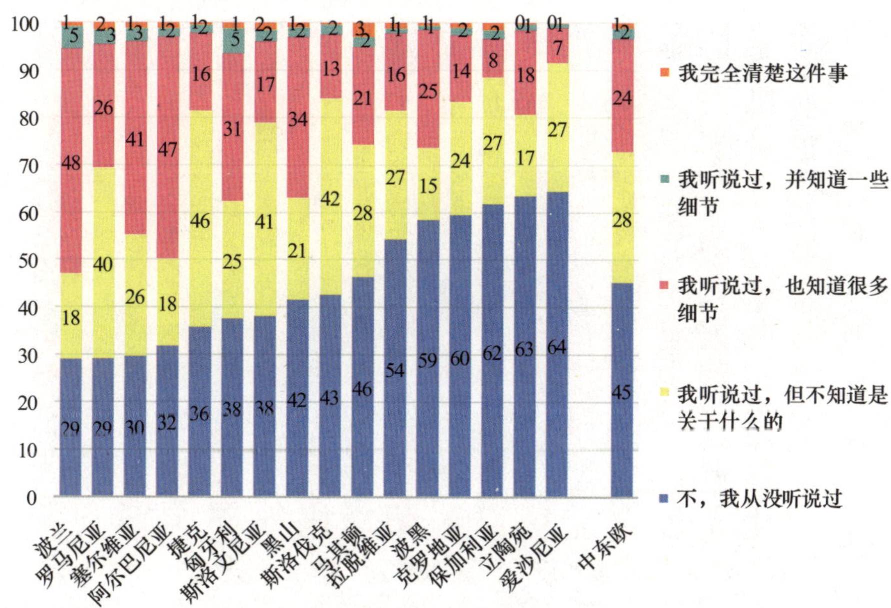

图 13　你听说过中国和中东欧国家的合作（“16 + 1”）吗？（%）

资料来源：中国—中东欧研究院、匈牙利经济研究院（GKI）2017 年秋季调查问卷。

问题四　如何看待中国与中东欧国家的双边关系

受访地区人群相信中国与中东欧国家间的合作比较紧密（26%），而另一方面，认为合作较松散的占 24%，一半的人在这个问题上持中立态度。塞尔维亚是这些国家中认为合作最紧密的，其中 40% 的人认为合作最紧密，28% 的人认为合作紧密。

根据民调结果，在塞尔维亚之后，中国与黑山的紧密关系列第二位，与匈牙利的紧密关系列第三位，波罗的海三国认为与中国的合作关系最松散。

在二级地区（NUTS2）中，塞尔维亚 4 个地区的居民认为与中国的合作关系最紧密，它们是：舒马迪亚（+57，表示非常紧密）、伏伊伏丁那（+54，非常紧密）、南部地区（+53，非常紧密）和贝尔格莱德（+44，紧密）。同时，波黑两个地区、黑山 3 个地区和匈牙利 1 个地区与上述塞尔维亚 4 个地区名

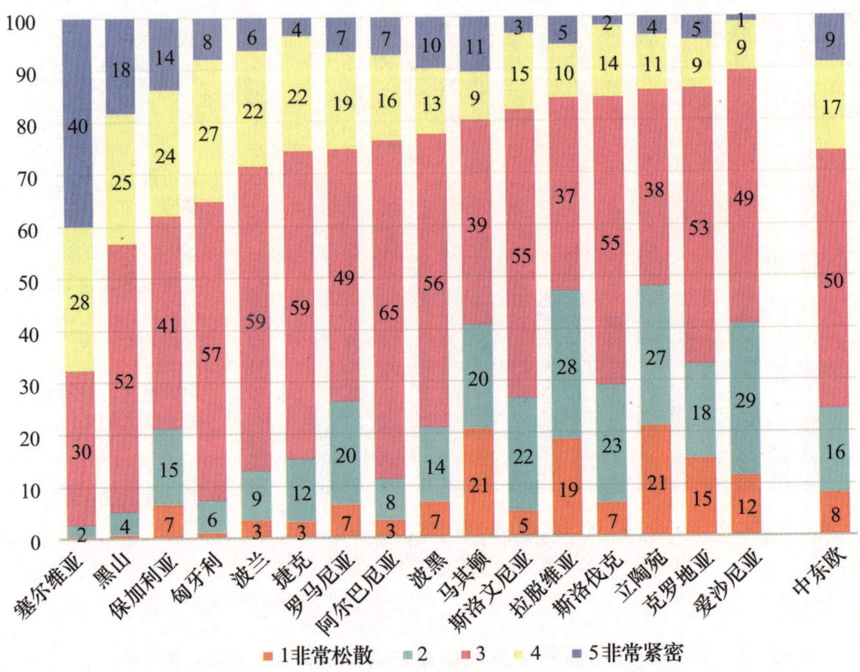

图 14 你认为中国与你的国家之间关系如何？（%）

资料来源：中国—中东欧研究院、匈牙利经济研究院（GKI）2017 年秋季调查问卷。

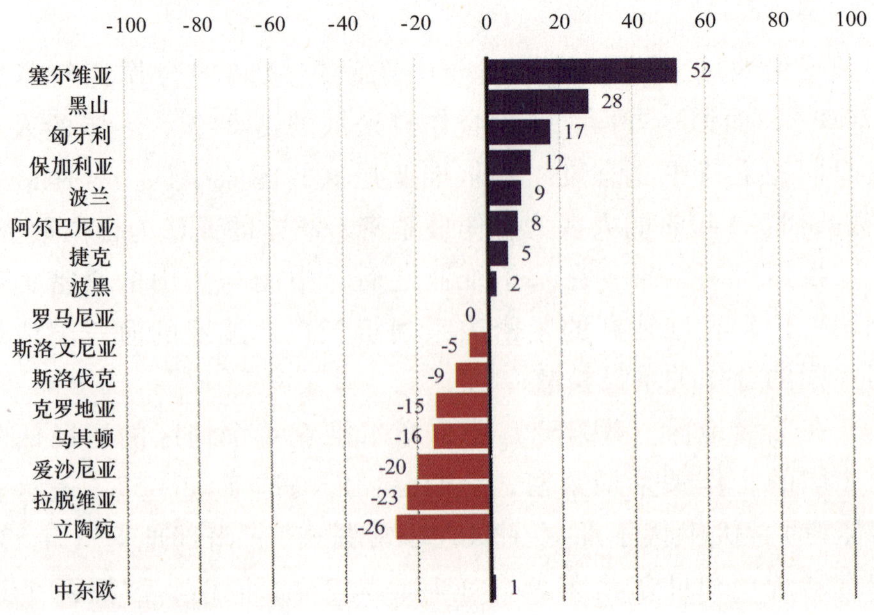

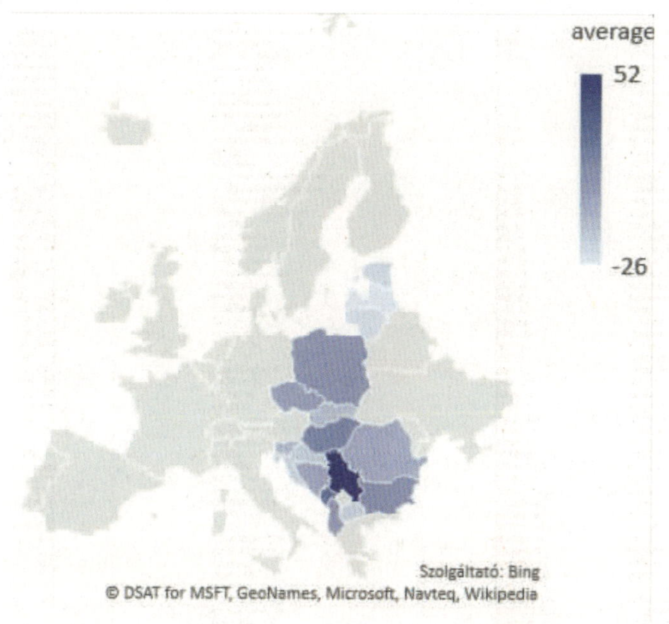

图 15　你认为中国与你的国家之间关系如何？

-100—非常松散　+100—非常紧密（平均值）

资料来源：中国—中东欧研究院、匈牙利经济研究院（GKI）2017 年秋季调查问卷。

列前十位。波罗的海国家 17 个地区、两个克罗地亚地区和 1 个马其顿地区认为与中国的合作关系松散（在 -100 至 +100 区间内为 -17 至 -32 之间）。

问题五　对“一带一路”倡议可能的影响的看法

中东欧国家超过 1/3 的人（34%）认为，未来 5 年，旨在加强中国与中东欧国家之间贸易和经济关系的“一带一路”倡议可能产生的影响卓有成效，14% 的人认为非常有成效，10% 的人认为影响中等，5% 的人认为完全没有影响，51% 的人在这个问题上中立。认为影响非常大的比重最高的国家为：立陶宛（虽然认为中国与立陶宛之间的关系松散，但仍然对“一带一

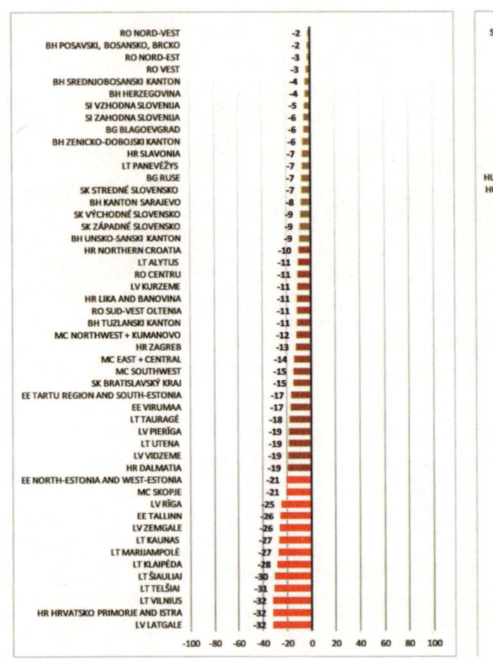

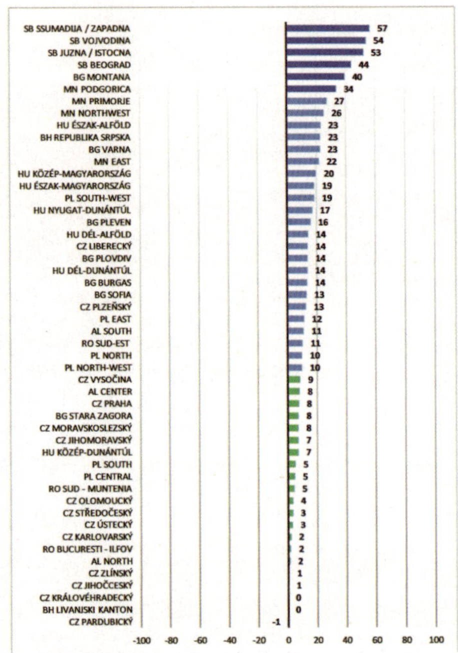

图 16 你认为中国与你的国家之间关系如何？

-100—非常松散 +100—非常紧密（平均值）

资料来源：中国—中东欧研究院、匈牙利经济研究院（GKI）2017 年秋季调查问卷。

路”倡议可能的影响持有信心）、马其顿和塞尔维亚。而持悲观态度的国家前三名为爱沙尼亚、匈牙利和阿尔巴尼亚。

在 -100 至 +100 区间内，塞尔维亚居民对未来 5 年“一带一路”倡议可能产生的成果最看好（+31），其次是立陶宛（+30）和罗马尼亚（+26），而爱沙尼亚、克罗地亚和波黑居民对这个问题最为悲观。整个中东欧地区的平均值为 +13，这意味着整个调查区域的值略高于平均值。

从二级地区（NUTS2）情况来看，对于未来 5 年“一带一路”倡议可能产生的影响，认为成果卓越的地区是保加利亚的瓦尔纳，在 -100 至 +100 之间的数值为 +57，其次是立陶宛的 3 个地区，数值在 +35 至 +42 之间，而波黑的 4 个地区和克罗地亚的 1 个地区则不认为该倡议会产生任何影响，数值在 -12 至 -31 之间。

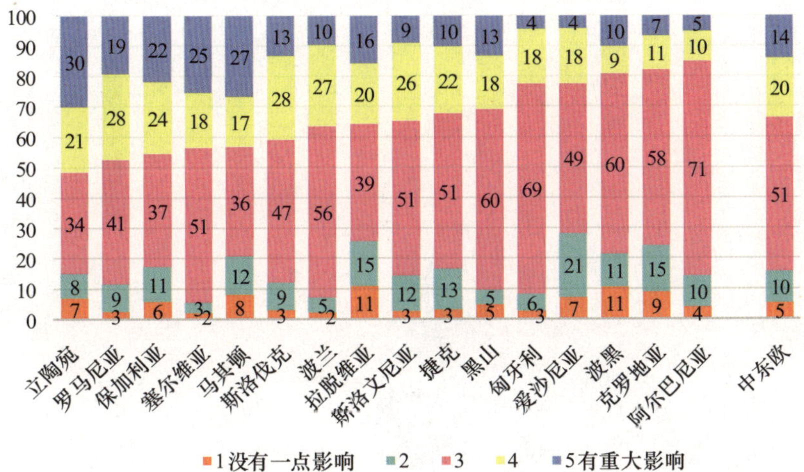

图 17　你对旨在加强中国与中东欧国家之间贸易和经济关系的“一带一路”倡议在未来 5 年所产生的影响如何看待?（%）

资料来源：中国—中东欧研究院、匈牙利经济研究院（GKI）2017 年秋季调查问卷。

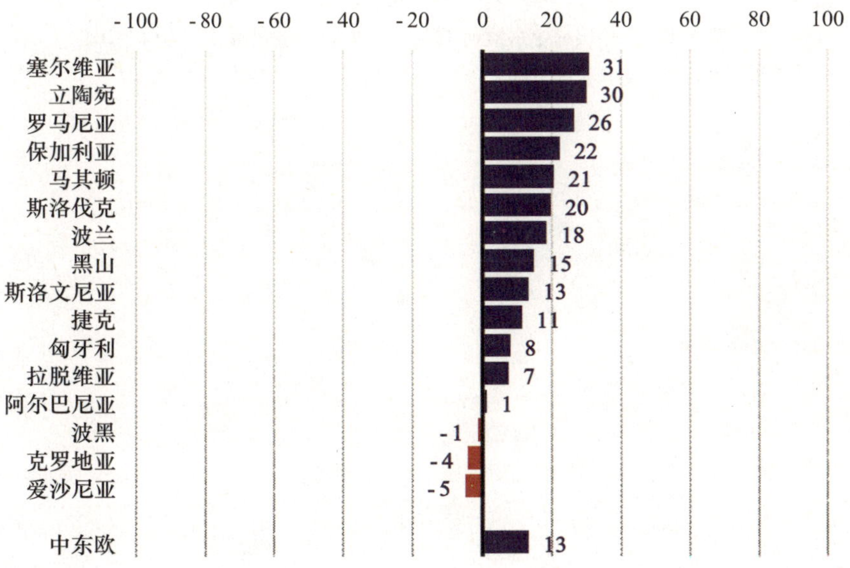

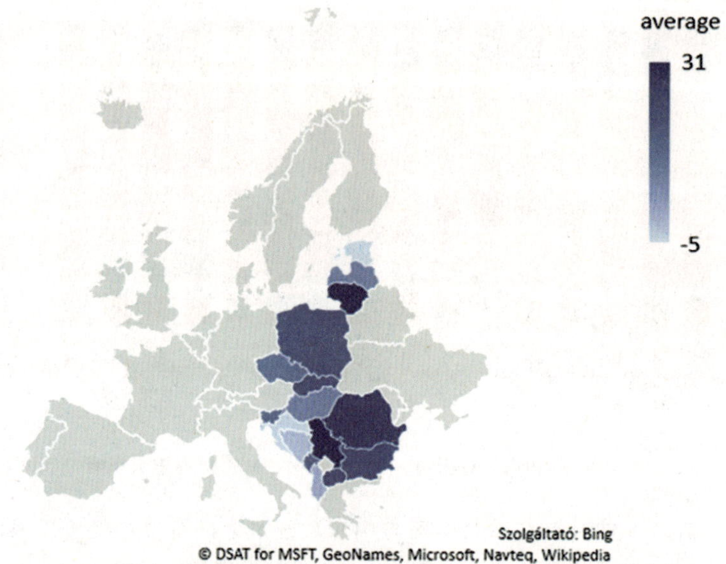

图 18 你对旨在加强中国与中东欧国家之间贸易和经济关系的"一带一路"倡议在未来 5 年所产生的影响如何看待?

-100—没有一点影响 +100—有重大影响（平均值）

资料来源：中国—中东欧研究院、匈牙利经济研究院（GKI）2017 年秋季调查问卷。

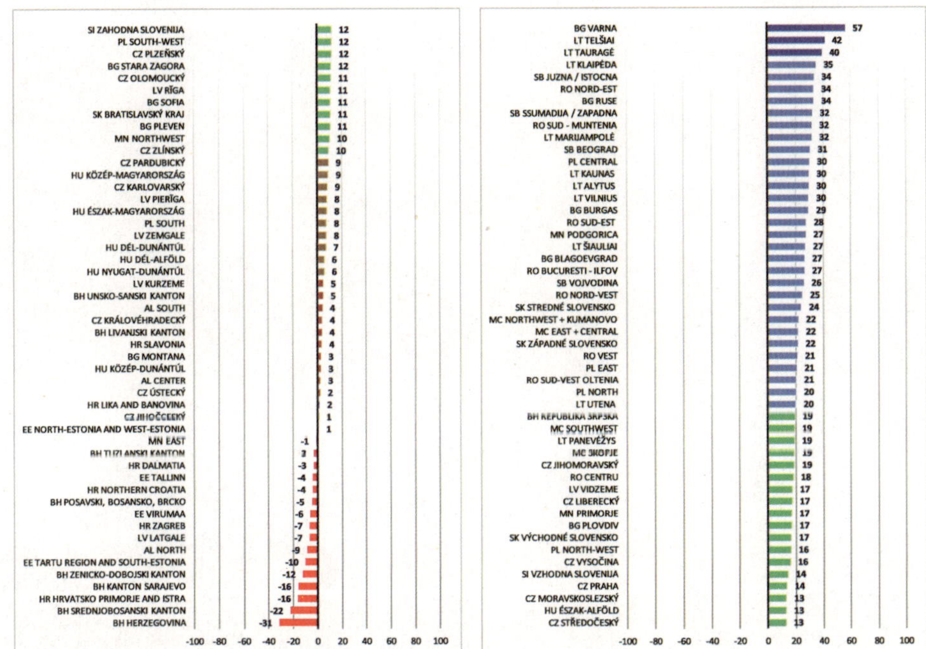

图 19　你对旨在加强中国与中东欧国家之间贸易和经济关系的“一带一路”倡议在未来 5 年所产生的影响如何看待?

－100—没有一点影响　＋100—有重大影响（平均值）

资料来源：中国—中东欧研究院、匈牙利经济研究院（GKI）2017 年秋季调查问卷。

下篇　国别报告

一　阿尔巴尼亚

阿尔巴尼亚居民认为在过去两年中国的经济呈快速发展，在 -100 至 +100 区间内为 +34，而中东欧平均值为 +41，说明阿尔巴尼亚居民认为中国经济发展速度快，但并不是很快，在受访国家中阿尔巴尼亚排名第 13 位。按年龄分组，55—69 岁人群认为中国经济发展速度快的数值高于阿尔巴尼亚平均值；按性别分组，则是男性；按居住地分组，是城镇居民；按教育水平分组，则是受过高等教育的人群。

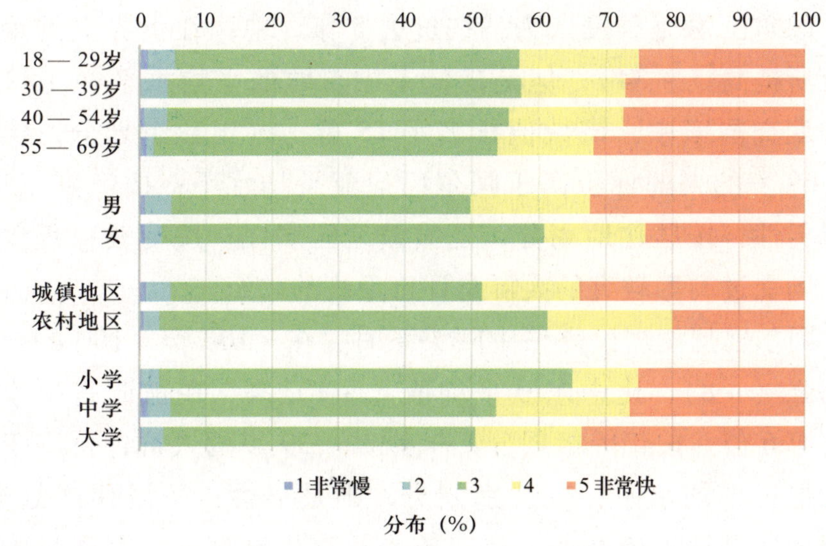

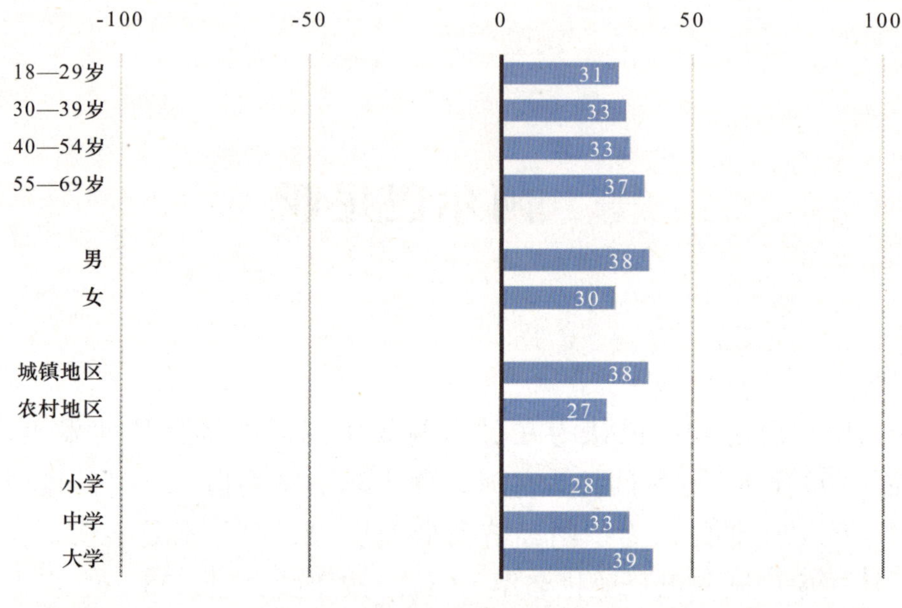

图 20 你如何评价中国最近两年的经济发展?

资料来源：中国—中东欧研究院、匈牙利经济研究院（GKI）2017 年秋季调查问卷。

阿尔巴尼亚居民认为，在过去 5 年，中国在世界上的重要性有所提高（+34），但是却低于中东欧的平均水平（+43），在被调查国家中，该数值排名第 15 位。按年龄组划分，年龄 55—69 岁的人的评价高于阿尔巴尼亚平均水平；按性别划分，则是男性；按居住地划分，是城镇地区居民；按受教育程度划分，则受过高等教育的人群是评价最高的一组。

阿尔巴尼亚居民评估中阿关系时，在 -100 至 +100 的范围内略强（+8），比中东欧平均值（+1）高，在被调查国家中排名第 6 位。按年龄组划分，年龄 30—39 岁的人群评价高于阿尔巴尼亚平均水平；按性别划分，则是男性；按居住地划分，农村地区是评价最高的一组；按受教育程度划分，则受过中等教育的人群数值高于阿尔巴尼亚平均值。

阿尔巴尼亚人对未来 5 年“一带一路”倡议对中国与阿尔巴尼

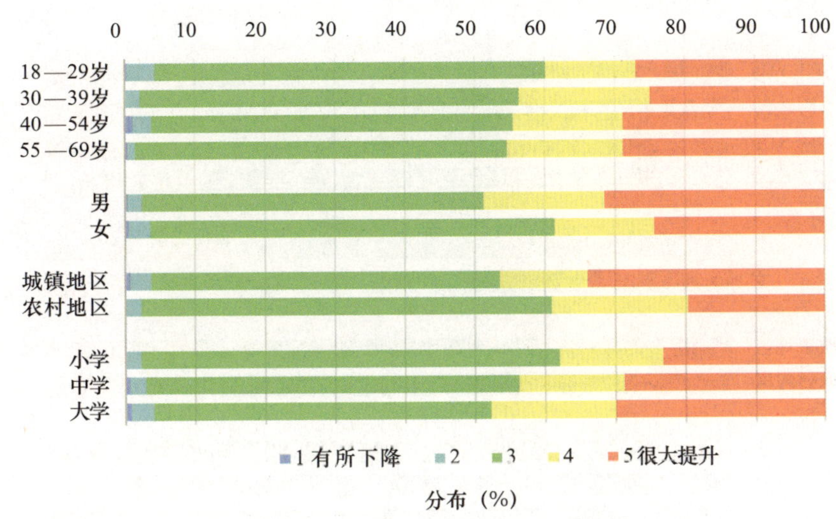

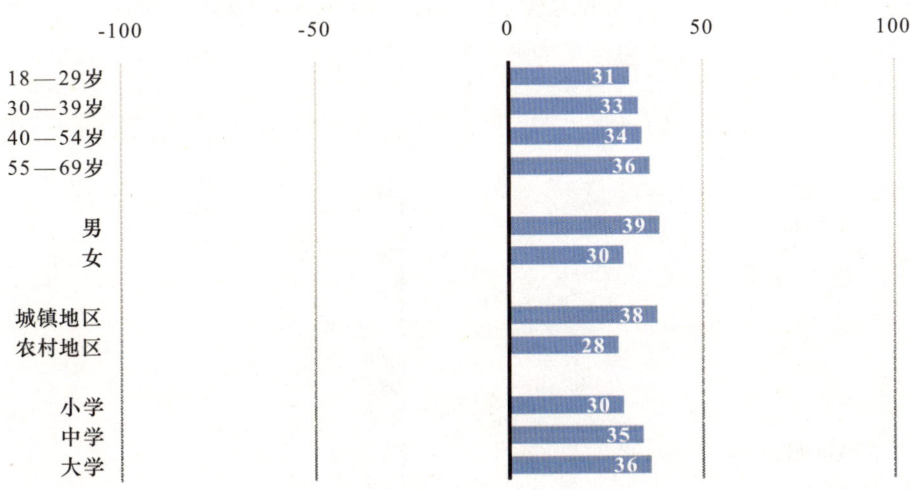

图 21　中国最近 5 年在世界上的重要性如何?

资料来源：中国—中东欧研究院、匈牙利经济研究院（GKI）2017 年秋季调查问卷。

亚之间贸易和经济关系的影响表示中立（＋1），在被调查国家中排名第 13 位。按年龄组划分，年龄 30—39 岁的人群评价高于阿尔巴尼亚平均水平；按性别划分，则是男性；按居住地划分，是城镇地区居民；按受教育程度划分，则是受中等教育程度者。

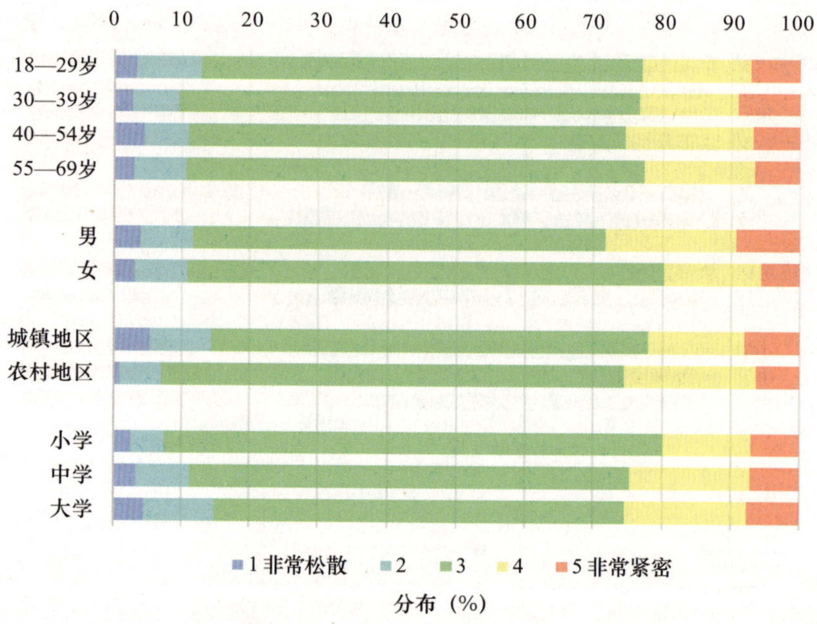

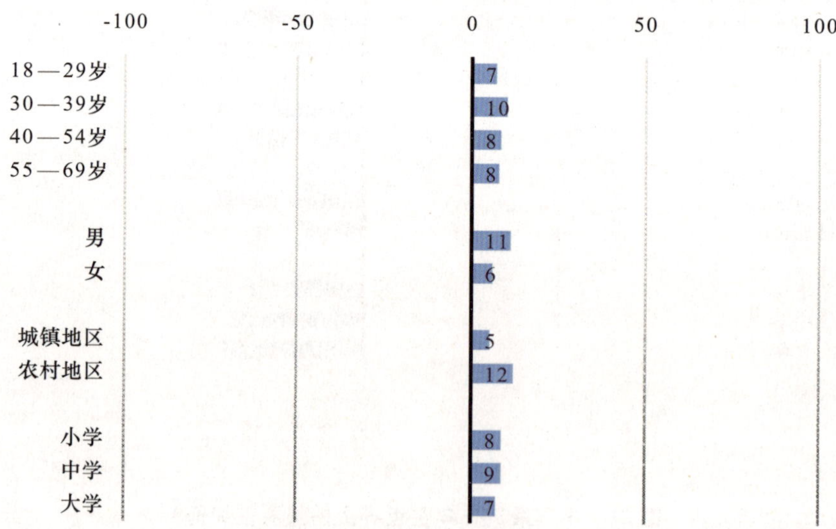

图 22 你认为中国与你的国家之间关系如何？

资料来源：中国—中东欧研究院、匈牙利经济研究院（GKI）2017 年秋季调查问卷。

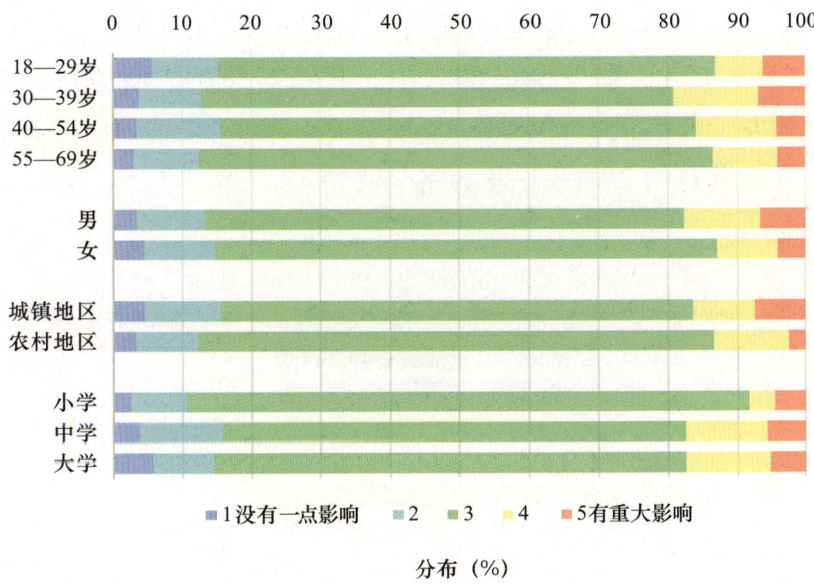

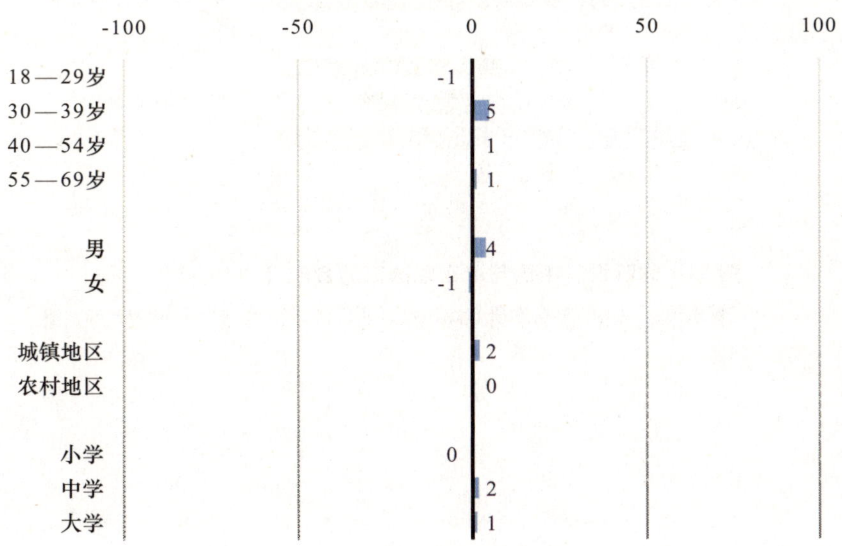

图23　你对旨在加强中国与中东欧国家之间贸易和经济关系的“一带一路”倡议在未来5年所产生的影响如何看待？

资料来源：中国—中东欧研究院、匈牙利经济研究院（GKI）2017年秋季调查问卷。

有32%的阿尔巴尼亚人没有听说过中国与中东欧国家的合作（“16+1”），剩下68%的人中，有约27%的人听说过，但不知道是关于什么的，约69%的人知道一些，约3%的人知道很多细节，只有约2%的人表示完全清楚。

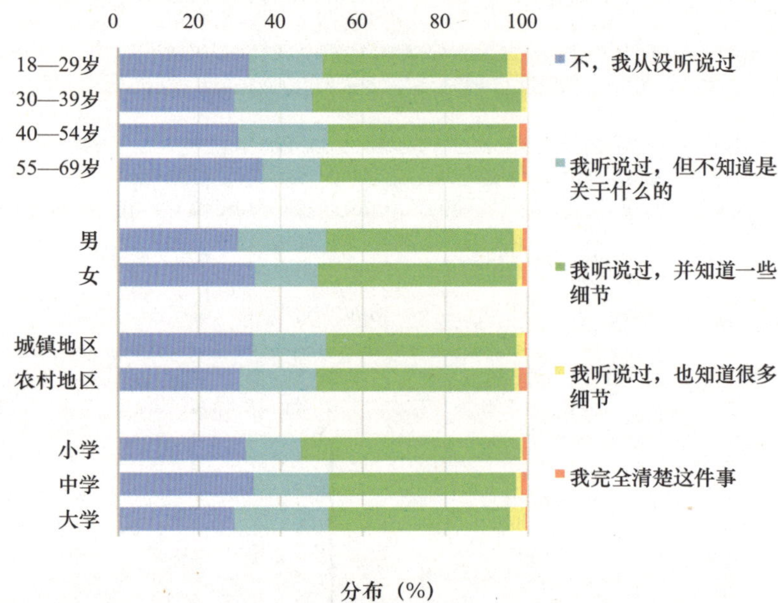

图24 你听说过中国与中东欧国家的合作（“16+1”）吗？

资料来源：中国—中东欧研究院、匈牙利经济研究院（GKI）2017年秋季调查问卷。

二　波黑

波黑居民对中国近两年经济发展的评估，按－100至＋100区间计算，结果为＋27，说明他们认为中国经济发展快，这个值低于中东欧的平均值（＋41），在被调查国家中排名第15位。按年龄组划分，30—69岁的人群答案数值高于波黑平均值；按性别，则是男性；按居住地，是城镇地区；按受教育程度，则是高等教育和小学教育水平。

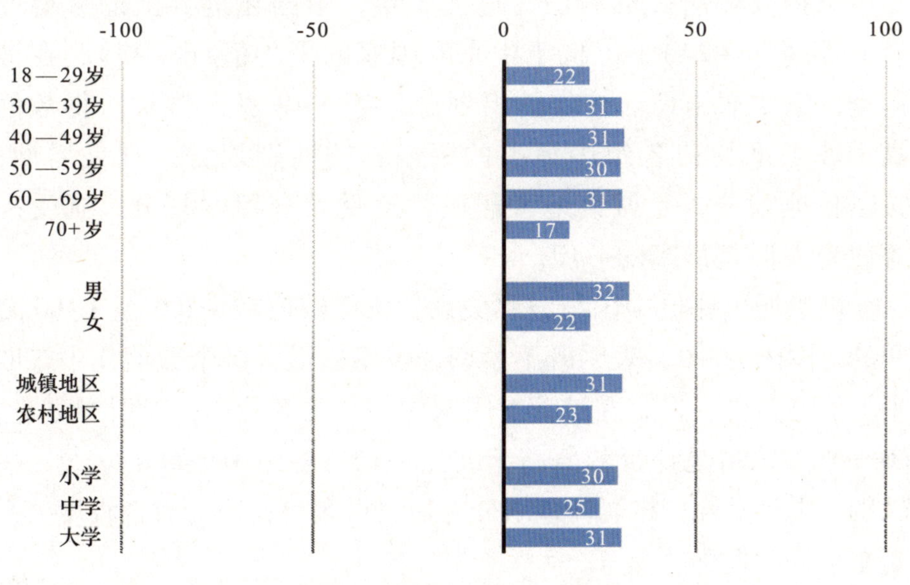

－100—非常慢　＋100—非常快

平均值

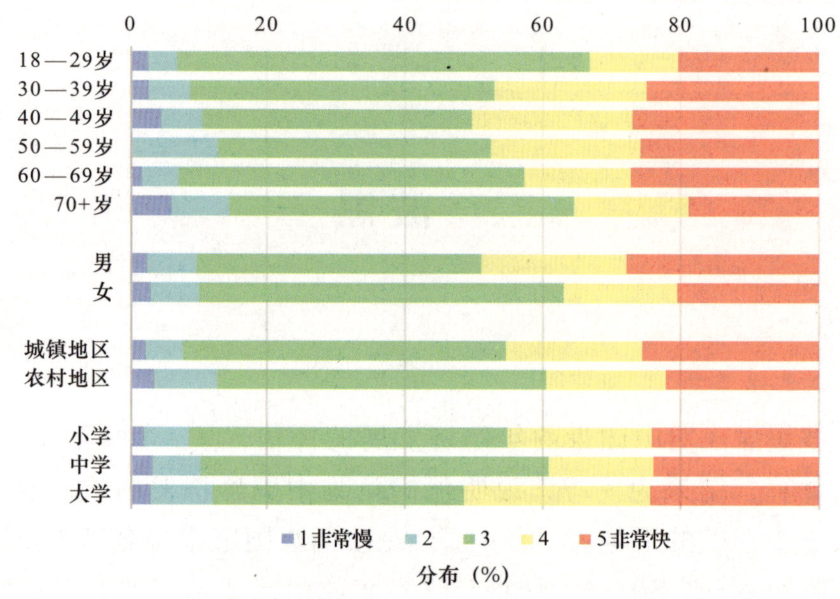

图 25 你如何评价中国最近两年的经济发展？

资料来源：中国—中东欧研究院、匈牙利经济研究院（GKI）2017 年秋季调查问卷。

根据波黑居民的看法，过去 5 年，中国在世界上的重要性有所提高（+24），但低于中东欧国家的平均值（+43），在被调查国家中居末位。按年龄组划分，40—49 岁人群是所得数值高于波黑平均值各组中最高的一组；按性别划分，则是男性；按居住地划分，是城镇地区居民；按受教育程度划分，则受高等教育人群是最高的一组。

波黑居民评价中国与波黑关系，所得数值在 -100 至 +100 之间的范围内为 +2，表明既不紧密，也不松散，这个数值比中东欧平均值略高（+1），在被调查国家中排名第 8 位。按年龄组划分，60—69 岁人群是评价数值高于波黑平均值各组中最高的一组；按性别，则是女性；按居住地划分，是农村人口；按受教育程度，则是小学程度人群。

在问到旨在加强中国与中东欧国家之间贸易和经济关系的“一带一路”倡议在未来 5 年的影响时，波黑居民的答案为 -1，低于中东欧平均值（+13），在接受调查国家中排名第 14 位。

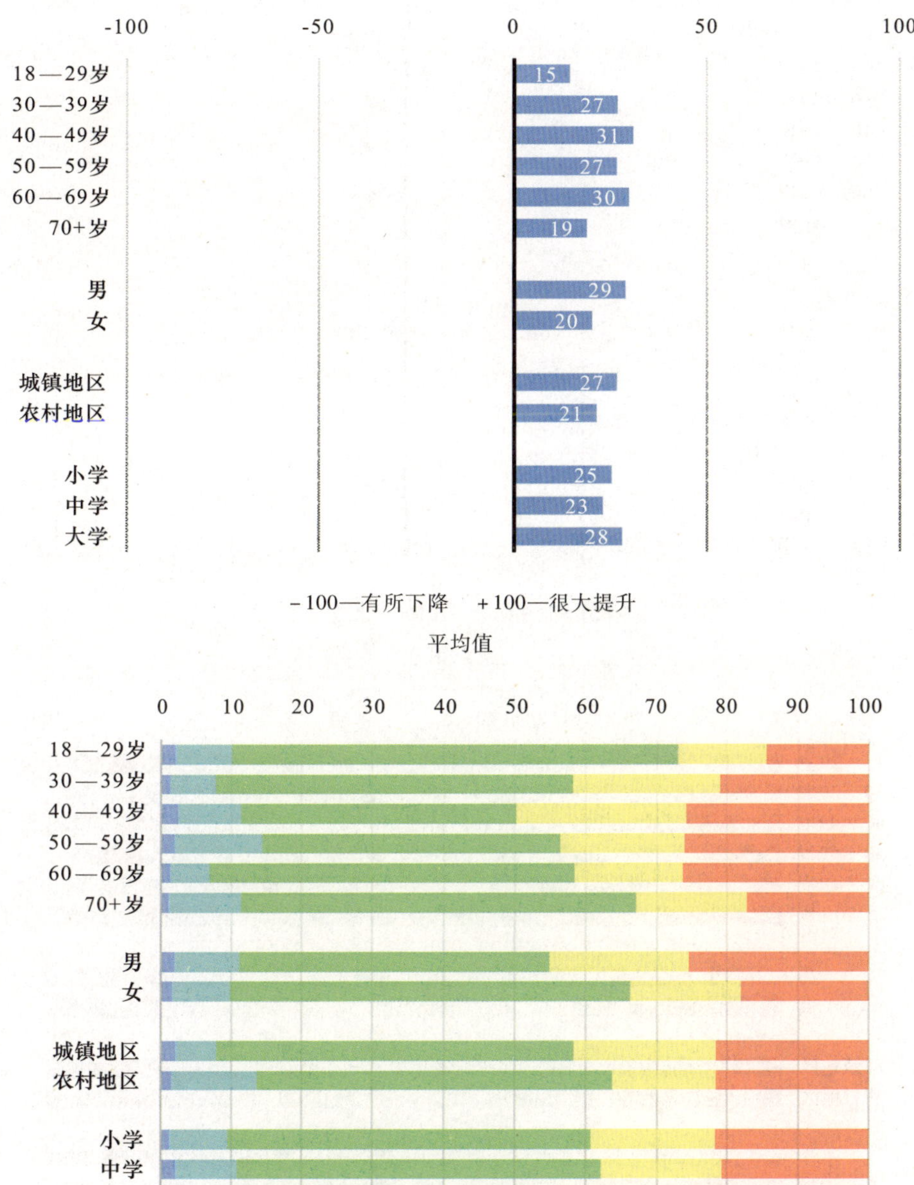

图 26　中国最近 5 年在世界上的重要性如何？

资料来源：中国—中东欧研究院、匈牙利经济研究院（GKI）2017 年秋季调查问卷。

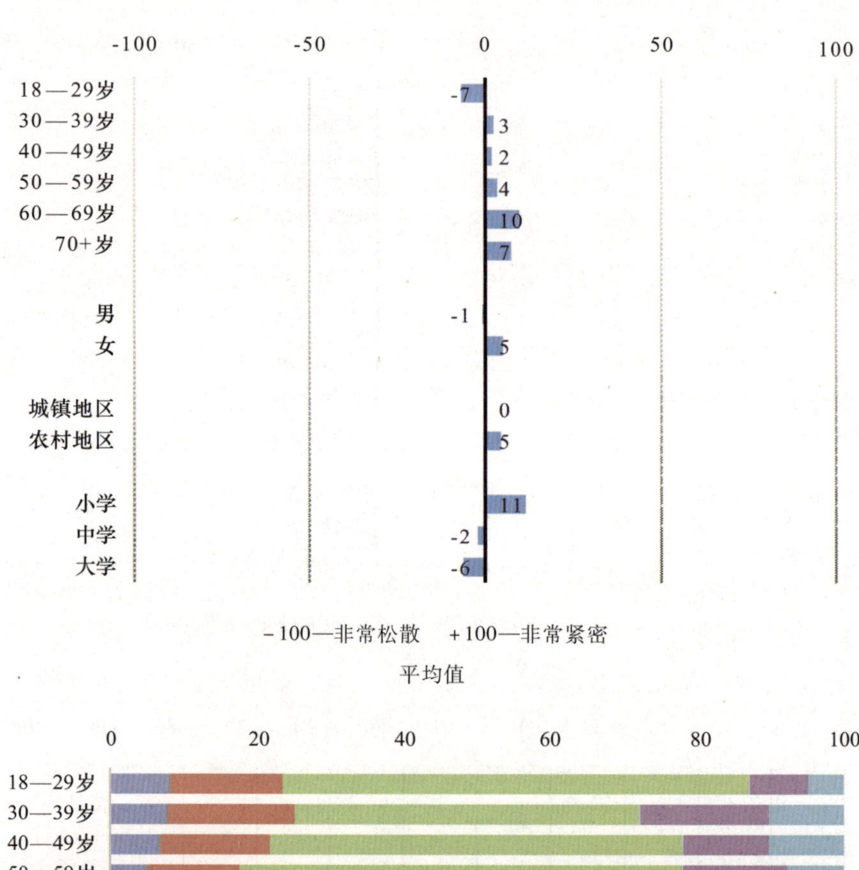

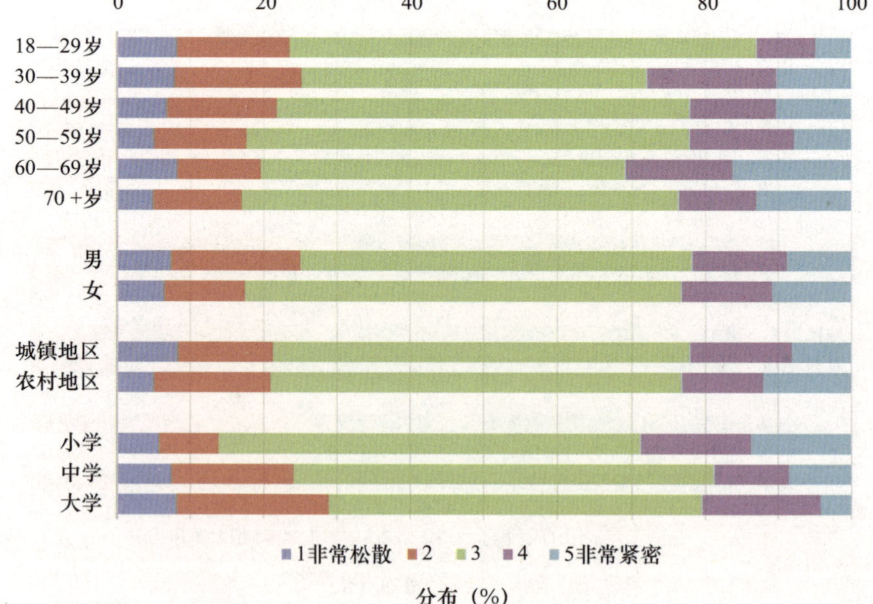

图 27 你认为中国与你的国家之间关系如何？

资料来源：中国—中东欧研究院、匈牙利经济研究院（GKI）2017 年秋季调查问卷。

按年龄组划分，30—49岁之间人群的数值高于波黑平均值；按性别划分，则是男性；按居住地划分，是农村地区居民；按受教育程度划分，则是小学教育和高等教育人群。

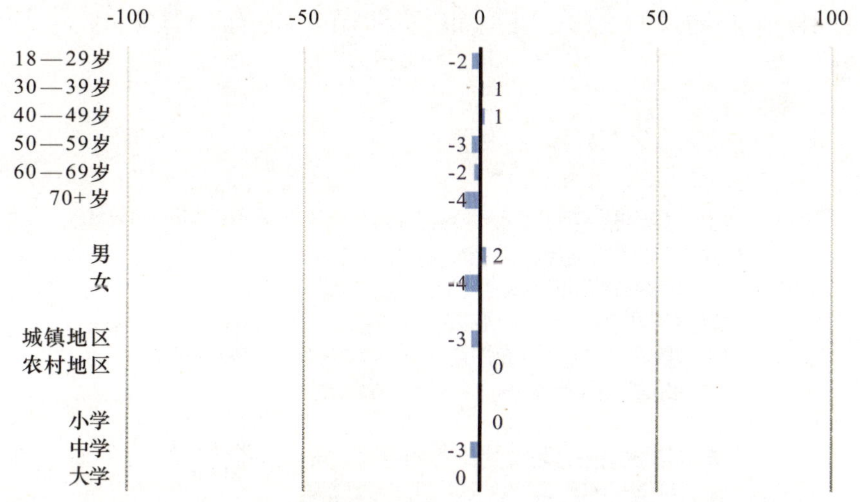

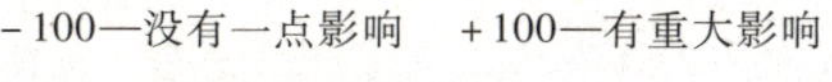

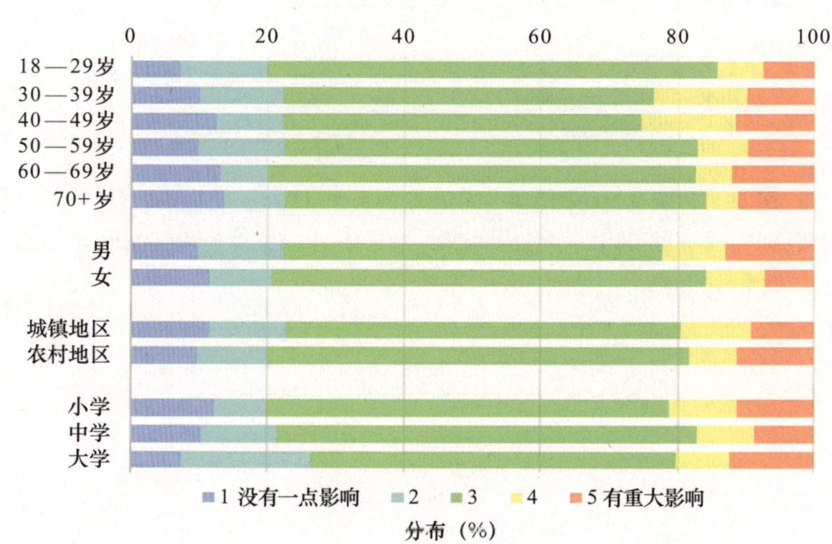

图28　你对旨在加强中国与中东欧国家之间贸易和经济关系的“一带一路”倡议在未来5年所产生的影响如何看待？

资料来源：中国—中东欧研究院、匈牙利经济研究院（GKI）2017年秋季调查问卷。

59%的波黑居民没有听说过中国和包括波黑在内的中东欧国家合作（“16+1”），如果剩下的41%人群按100%计算，有约36%的人听说过，但不知道是关于什么的，约60%的人知道一些细节，约2%的人知道很多细节。只有约1%的人完全清楚。

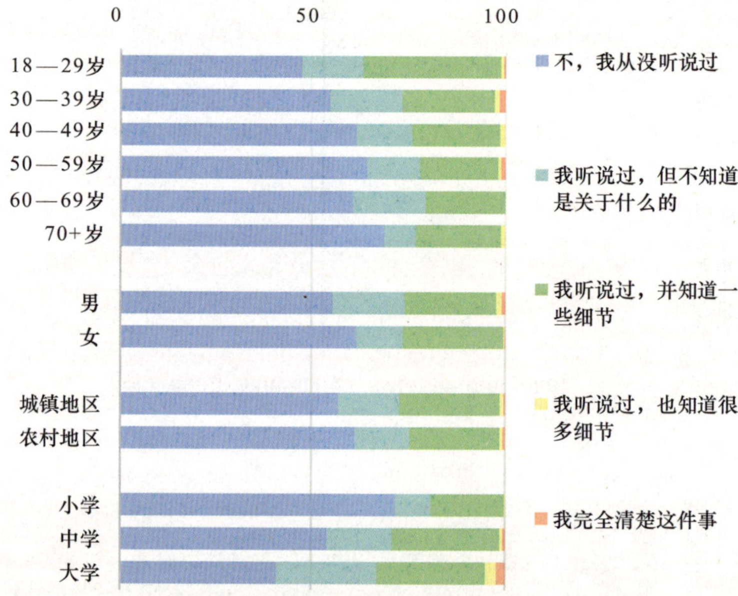

图29 你听说过中国和中东欧国家的合作（“16+1”）吗？（%）

资料来源：中国—中东欧研究院、匈牙利经济研究院（GKI）2017年秋季调查问卷。

三　保加利亚

在对最近两年中国经济发展速度的问卷中，保加利亚居民答案的数值为 +57，表明他们认为中国最近两年经济发展非常快，这个数值比中东欧平均值（+41）要高，在被调查国家中排名第 4 位。按年龄组划分，50—59 岁人群是数值高于保加利亚平均值各组中最高的一组；按性别划分，则是男性；按居住地划分，大城市居民是最高的一组；按受教育程度划分，是接受高等教育的人群。

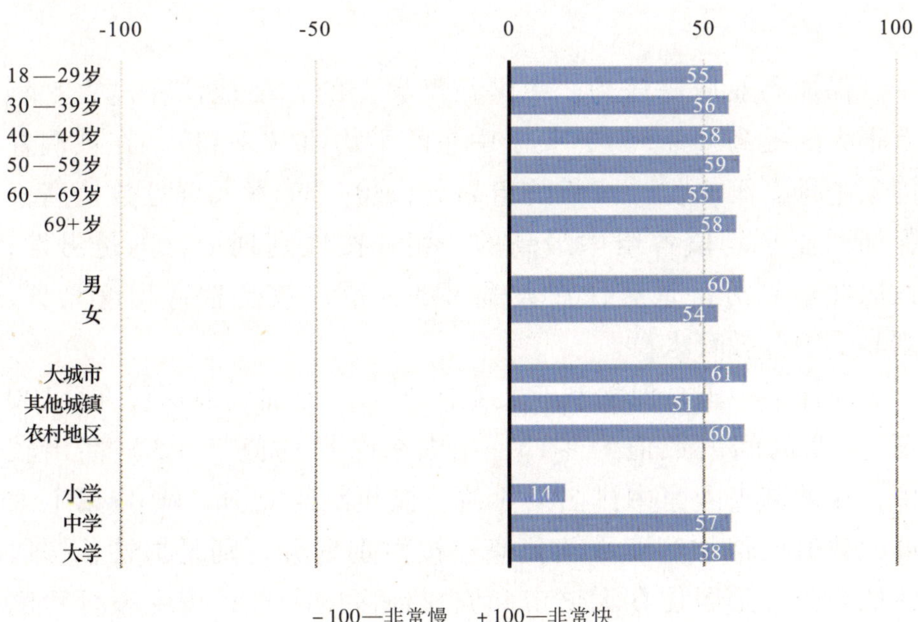

平均值

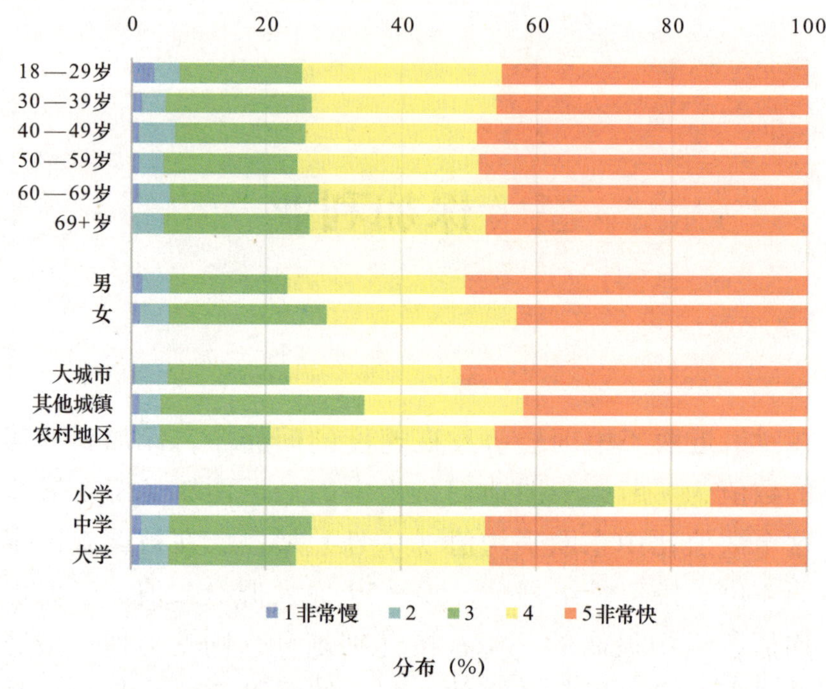

图 30 你如何评价中国最近两年的经济发展？

资料来源：中国—中东欧研究院、匈牙利经济研究院（GKI）2017 年秋季调查问卷。

保加利亚居民认为，中国在世界上的重要地位在过去 5 年有很大的提高（+53），大于中东欧平均值（+43），在被调查国家中排名第 4 位。按年龄组划分，30—39 岁人群是数值高于保加利亚平均值各组中最高的一组；按性别划分，则是男性；按居住地划分，是居住在大城市的人群；按受教育程度划分，则是受中等教育人群。

在评估中国与保加利亚关系问题上，保加利亚居民在 -100 至 +100 区间内数值为 +12，比中东欧平均值（+1）高出较多，在被调查国家中排名第 4 位。按年龄组划分，60 岁以上人群的数值比保加利亚平均值高；按性别划分，则是男性；按居住地划分，是居住在大城市和农村地区的人群；按受教育程度划分，则是受高等教育人群。

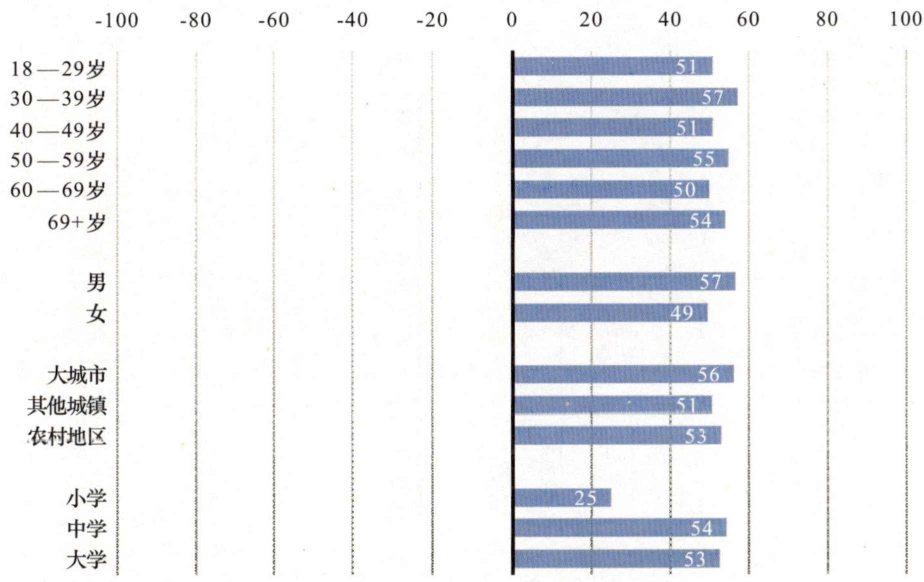

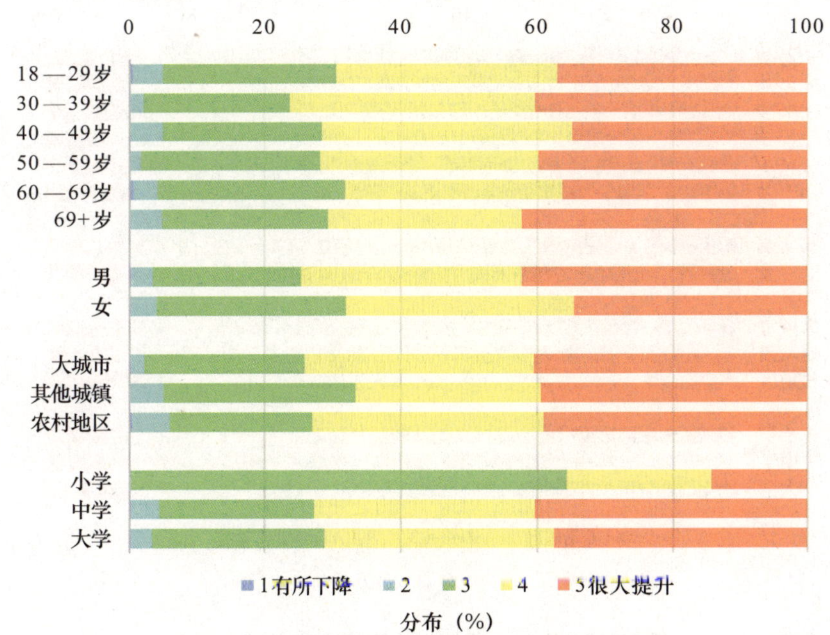

图 31 中国最近 5 年在世界上的重要性如何？

资料来源：中国—中东欧研究院、匈牙利经济研究院（GKI）2017 年秋季调查问卷。

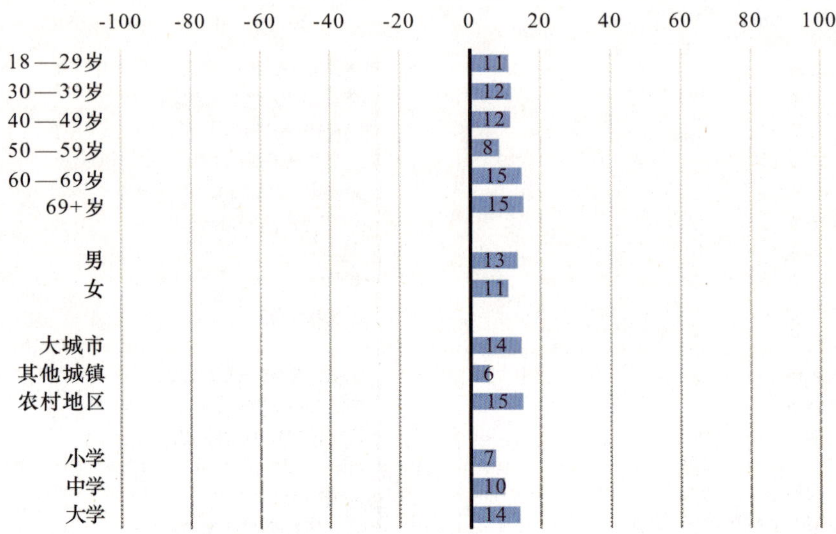

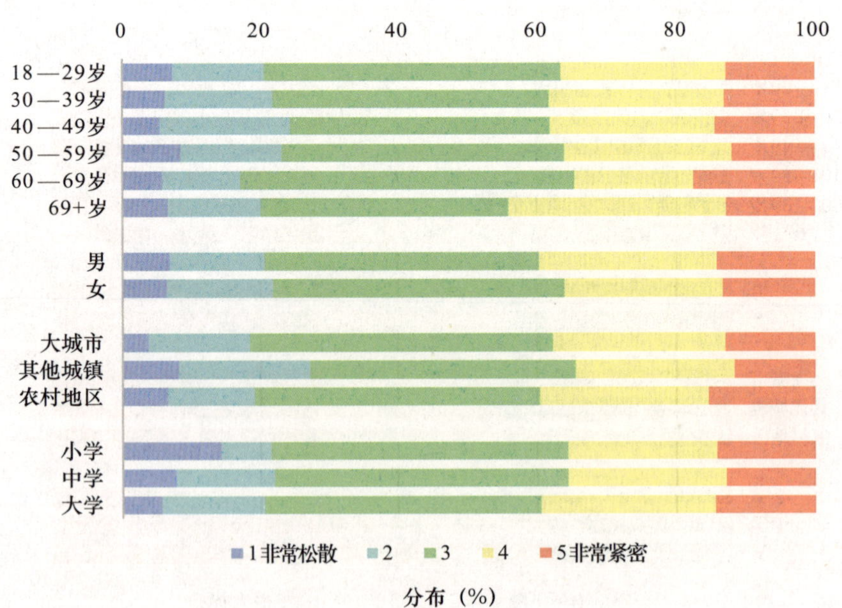

图 32 你认为中国与你的国家之间关系如何？

资料来源：中国—中东欧研究院、匈牙利经济研究院（GKI）2017 年秋季调查问卷。

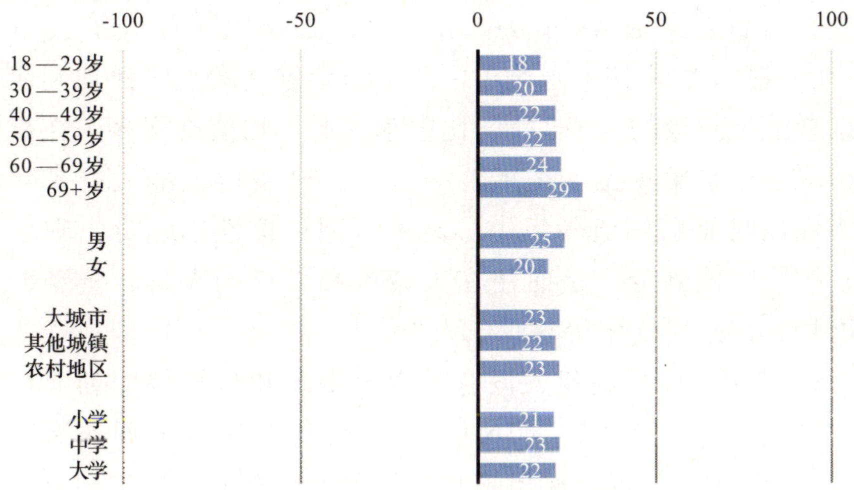

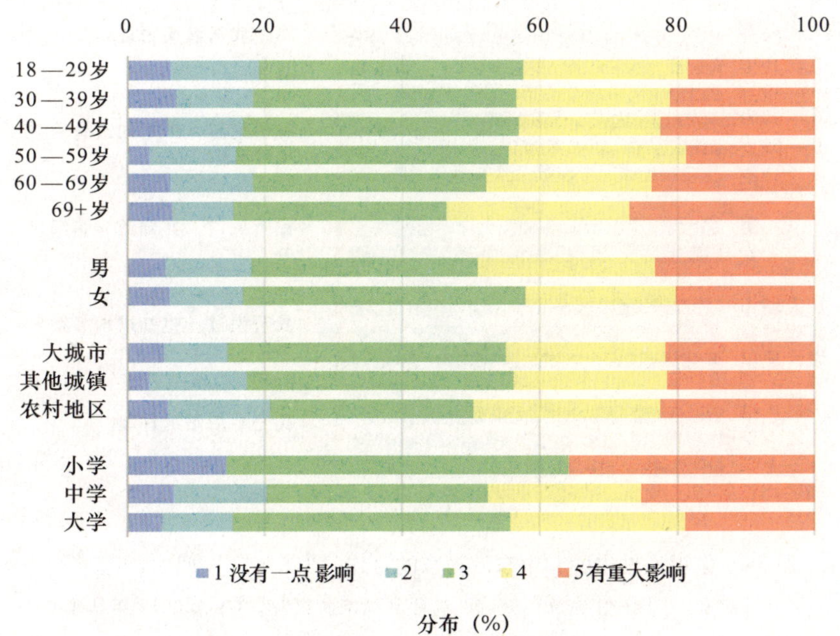

图 33　你对旨在加强中国与中东欧国家之间贸易和经济关系的“一带一路”倡议在未来 5 年所产生的影响如何看待？

资料来源：中国—中东欧研究院、匈牙利经济研究院（GKI）2017 年秋季调查问卷。

在对旨在加强中国与中东欧国家之间贸易和经济关系的“一带一路”倡议在未来5年所产生的影响问题上，保加利亚居民的数值是积极的（+22），比中东欧的平均值高很多，在被调查国家中排名第4位。按年龄组划分，69岁以上的人群是数值高于保加利亚平均值各组中最高的一组；按性别划分，则是男性；按居住地划分，是居住在大城市和农村的人群；按受教育程度划分，是接受中等教育的人群。

有62%的保加利亚人没有听说过中国和包括保加利亚在内的中东欧国家的合作（“16+1”），剩余38%的人群如果算作100%，有70%听说过，但不知道是关于什么的，22%知道一些细节，4%知道很多细节，4%表示完全清楚。

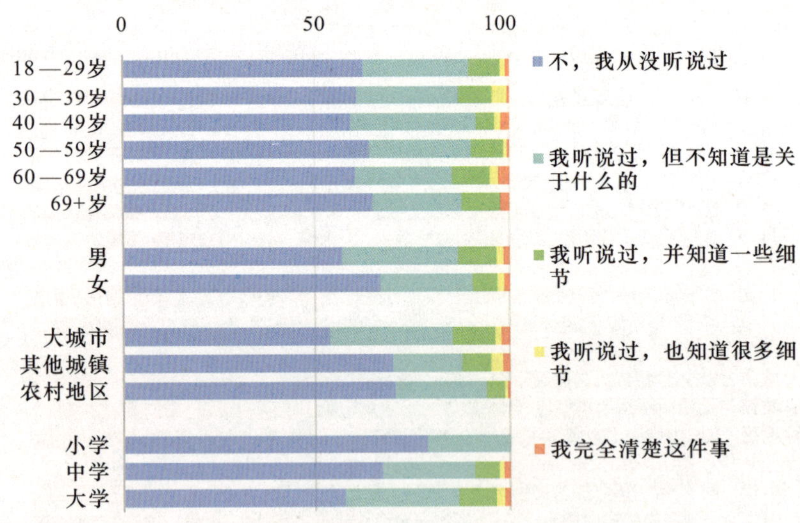

图34 你听说过中国和中东欧国家的合作（“16+1”）吗？（%）

资料来源：中国—中东欧研究院、匈牙利经济研究院（GKI）2017年秋季调查问卷。

四　克罗地亚

在如何评价中国最近两年的经济发展问题上，克罗地亚居民答卷数值为 +40，表明他们认为中国经济发展快速，但是低于中东欧平均值（+41），在接受调查国家中排名第 8 位。按年龄组划分，50—64 岁人群的数值高于克罗地亚平均值；按性别划分，则是男性；按居住地划分，是农村人口；按受教育程度划分，则接受高等教育的人群是数值最高的一组。

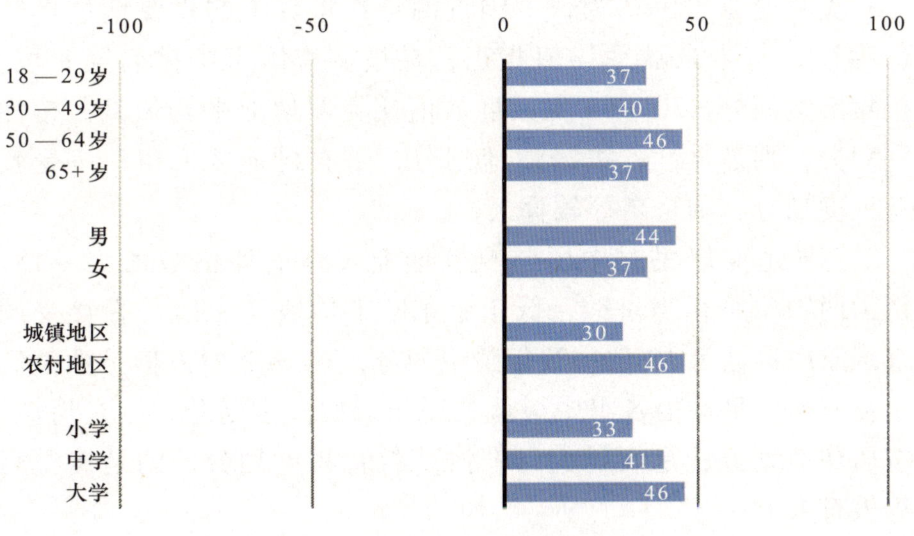

-100—非常慢　+100—非常快

平均值

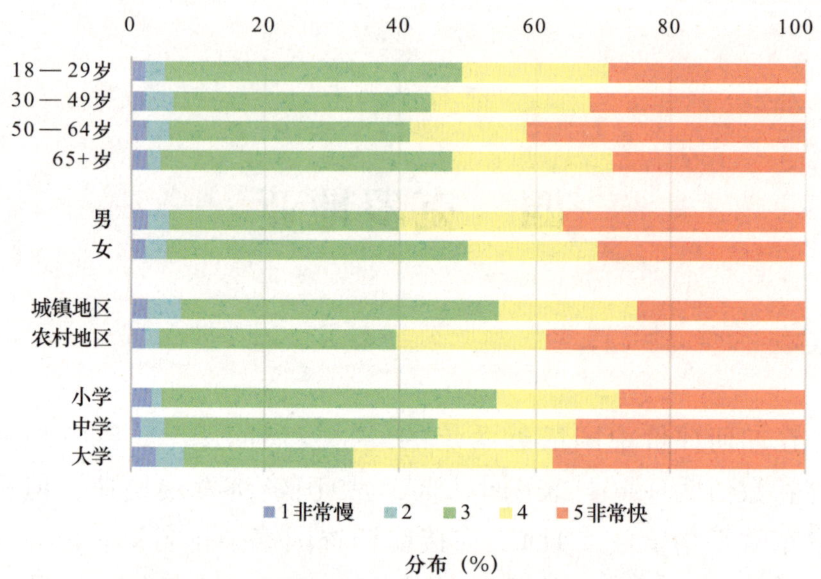

图35 你如何评价中国最近两年的经济发展？

资料来源：中国—中东欧研究院、匈牙利经济研究院（GKI）2017年秋季调查问卷。

克罗地亚居民认为，中国近两年在世界上的重要地位提升（+43），与中东欧平均值相当，在被调查国家中排名第8位。按年龄组划分，30—64岁人群数值比克罗地亚平均值高；按性别划分，则是男性；按居住地划分，是农村地区人口；按受教育程度划分，则是高等教育人群。

克罗地亚居民对中国与克罗地亚关系的评估数值为-15，认为两国关系相当松散，低于中东欧平均值（+1），在接受调查国家中排名第12位。按年龄组划分，30—49岁人群是数值低于克罗地亚平均值各组中最低的一组；按性别划分，则是男性；按居住地划分，是农村人口；按受教育程度划分，则是接受高等教育人群。

关于“一带一路”倡议的影响，克罗地亚居民问卷数值较低（-4），低于中东欧平均值，在接受调查国家中排名第15位。按年龄组划分，30—64岁人群的数值低于克罗地亚平均值；按性别划分，则是男性；按居住地划分，是城镇人口；按接受

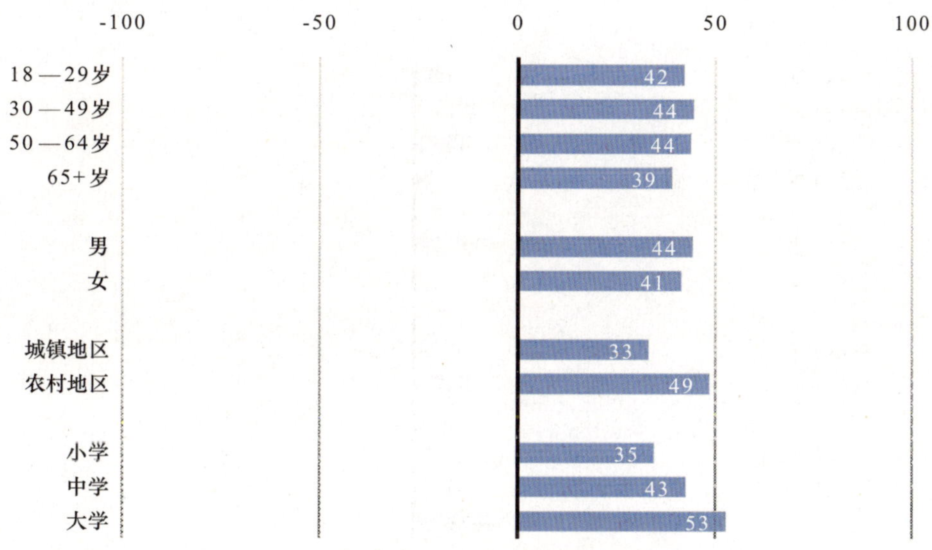

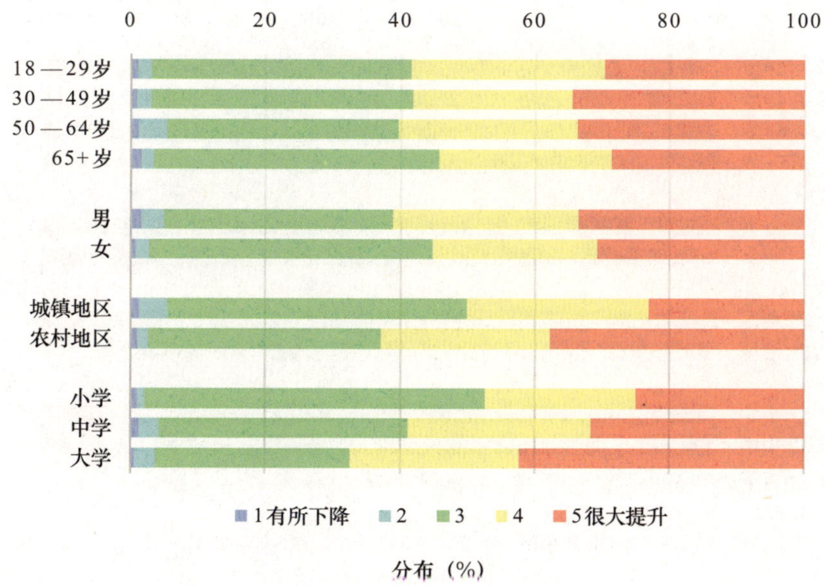

图36　中国最近5年在世界上的重要性如何？

资料来源：中国—中东欧研究院、匈牙利经济研究院（GKI）2017年秋季调查问卷。

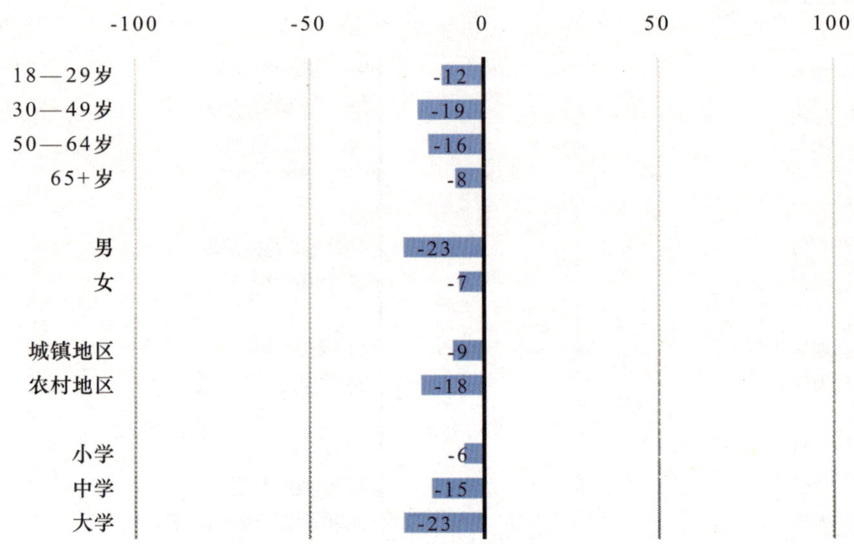

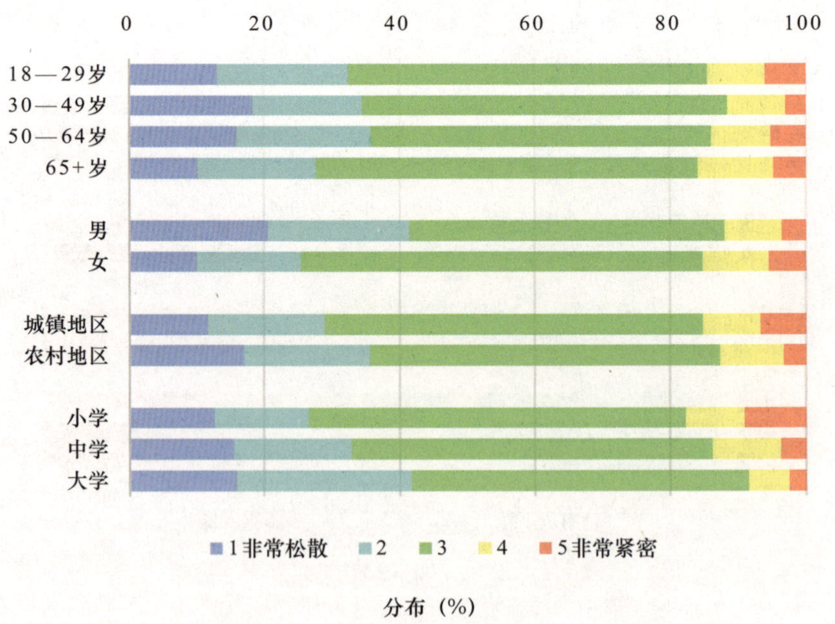

图 37 你认为中国与你的国家之间关系如何？

资料来源：中国—中东欧研究院、匈牙利经济研究院（GKI）2017 年秋季调查问卷。

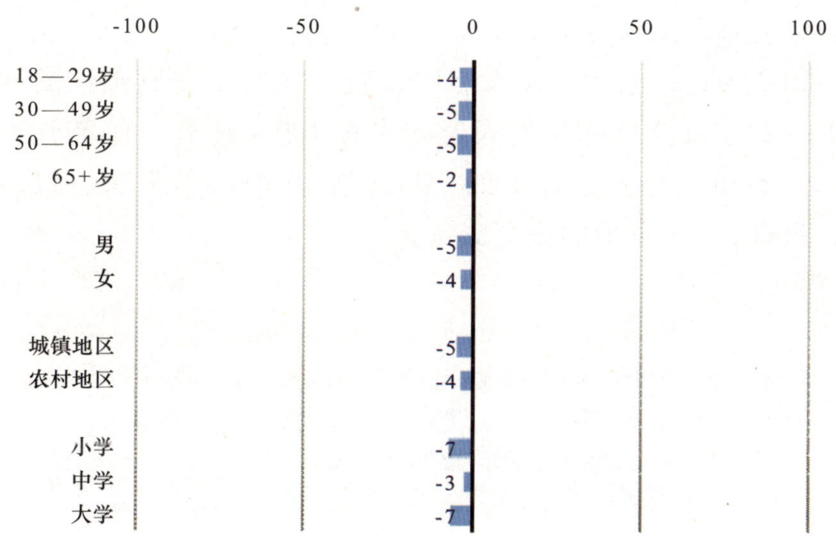

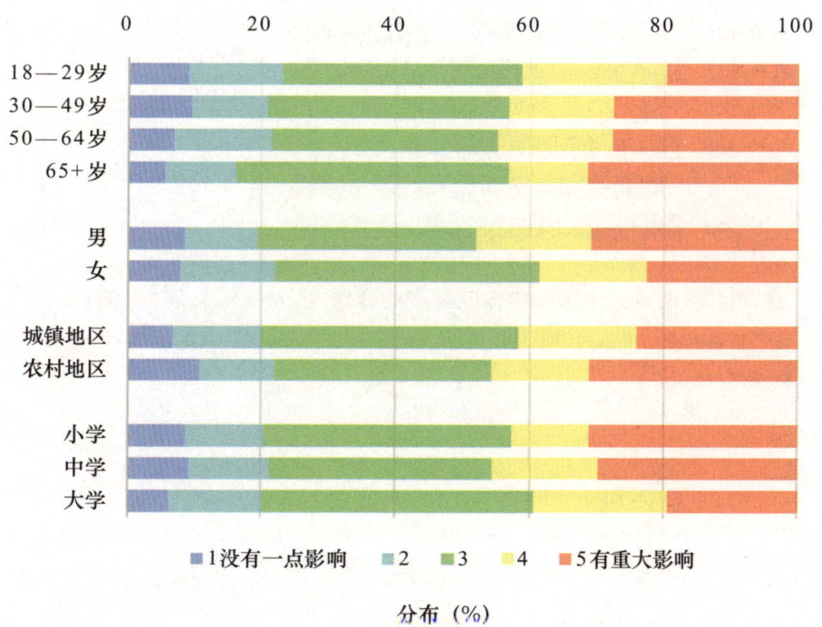

图38　你对旨在加强中国与中东欧国家之间贸易和经济关系的"一带一路"倡议在未来5年所产生的影响如何看待？

资料来源：中国—中东欧研究院、匈牙利经济研究院（GKI）2017年秋季调查问卷。

教育程度划分，则是小学和高等教育人群。

60%的克罗地亚居民没有听说过中国与中东欧国家的合作（“16+1”），剩余40%的人群如果按100%计算，有59%听说过，但不知道是关于什么的，35%知道一些，4%知道很多细节，只有2%表示他们完全清楚。

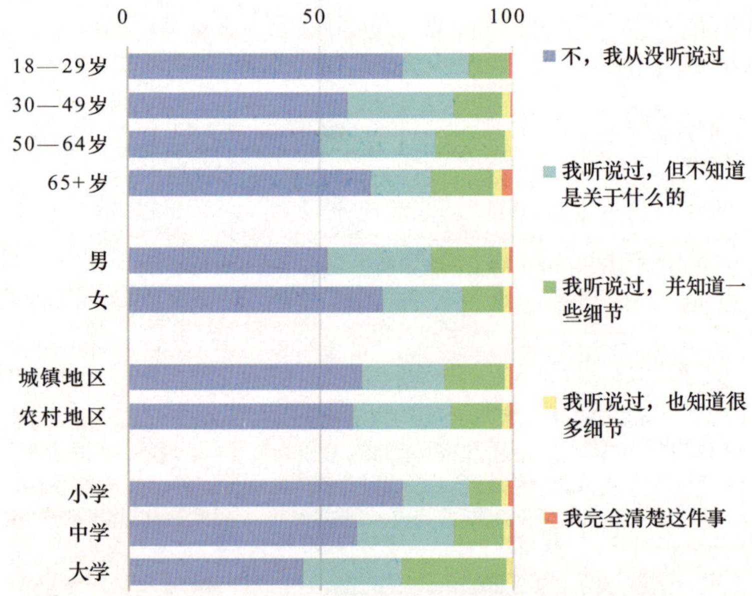

图39 你听说过中国和中东欧国家的合作（“16+1”）吗？（%）

资料来源：中国—中东欧研究院、匈牙利经济研究院（GKI）2017年秋季调查问卷。

五　捷克

捷克居民认为中国这两年经济发展较快（+34），该数值小于中东欧平均值（+41），在被接受调查的国家中排名第12位。按年龄组划分，55—69岁人群数值高于捷克平均值；按性别划分，则是男性；按居住地划分，大城市居住的人口是数值最高的一组；按接受教育程度划分，则高等教育人群是最高的一组。

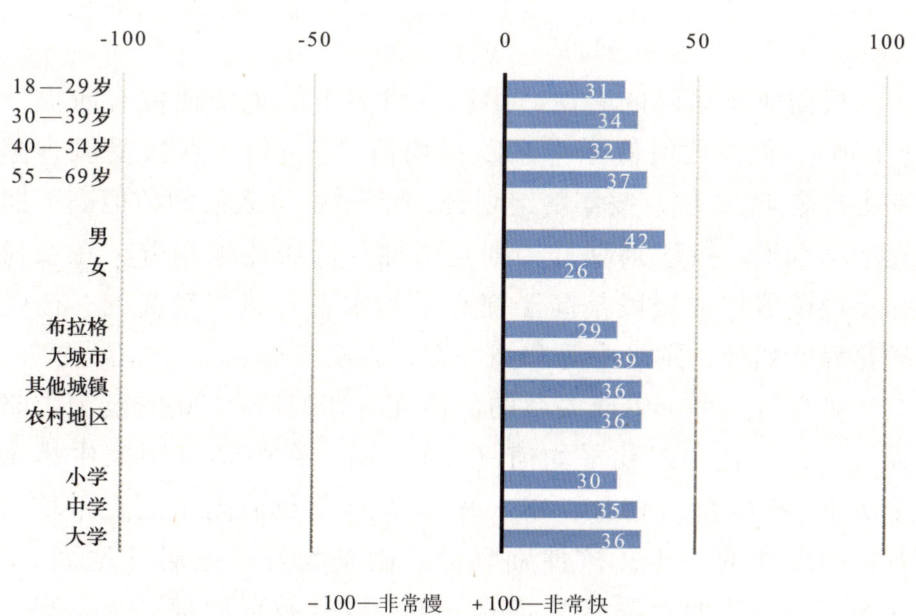

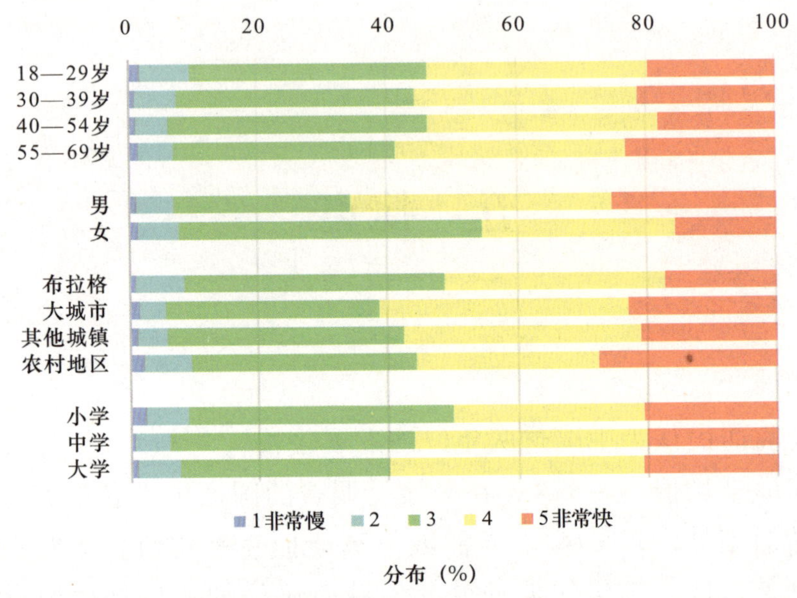

图 40 你如何评价中国最近两年的经济发展?

资料来源：中国—中东欧研究院、匈牙利经济研究院（GKI）2017 年秋季调查问卷。

根据捷克居民的看法，中国在世界上的重要地位有所提升（+36），但该数值低于中东欧平均值（+43），在接受调查国家中排名第 12 位。按年龄组划分，55—69 岁人群的数值高于捷克平均水平；按性别划分，则是男性；按居住地划分，在农村和小城镇居住的居民是高于捷克平均水平各组中较高的；按受教育程度划分，则是中等和高等教育程度人群。

捷克居民评价中捷关系的数值在 -100 至 +100 的范围内略强（+5），比中东欧平均值（+1）高，在被调查国家中排名第 7 位。按年龄组划分，18—29 岁人群是数值高于捷克平均值各组中最高的一组；按性别划分，则是女性；按居住地划分，在小城镇居住的人群是最高的一组；按受教育程度划分，则是接受小学教育的人。

对旨在加强中国和捷克之间的贸易和经济关系的“一带一路”倡议在未来 5 年的可能影响，捷克居民给出的答案是积极

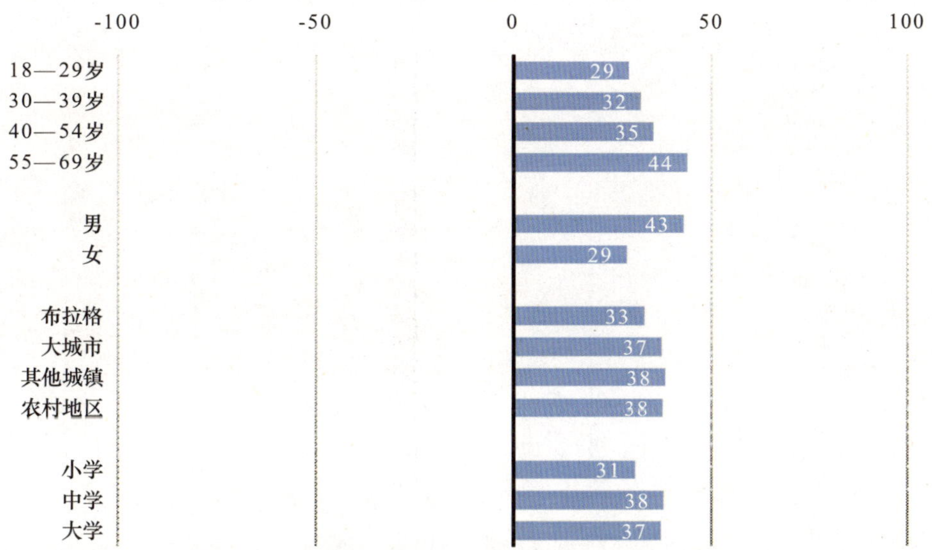

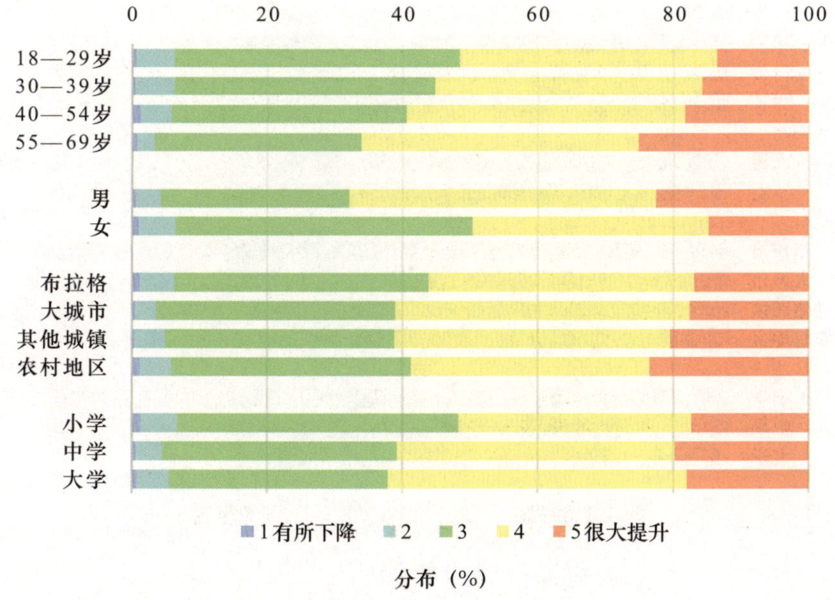

图41 中国最近5年在世界上的重要性如何？

资料来源：中国—中东欧研究院、匈牙利经济研究院（GKI）2017年秋季调查问卷。

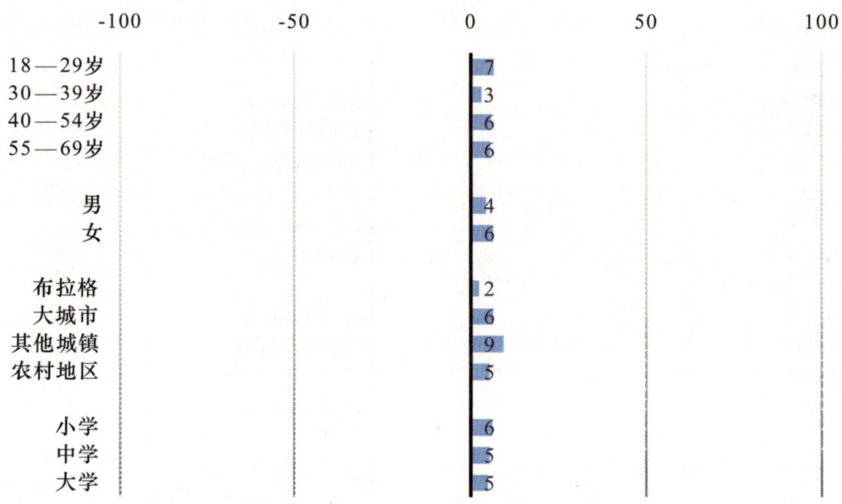

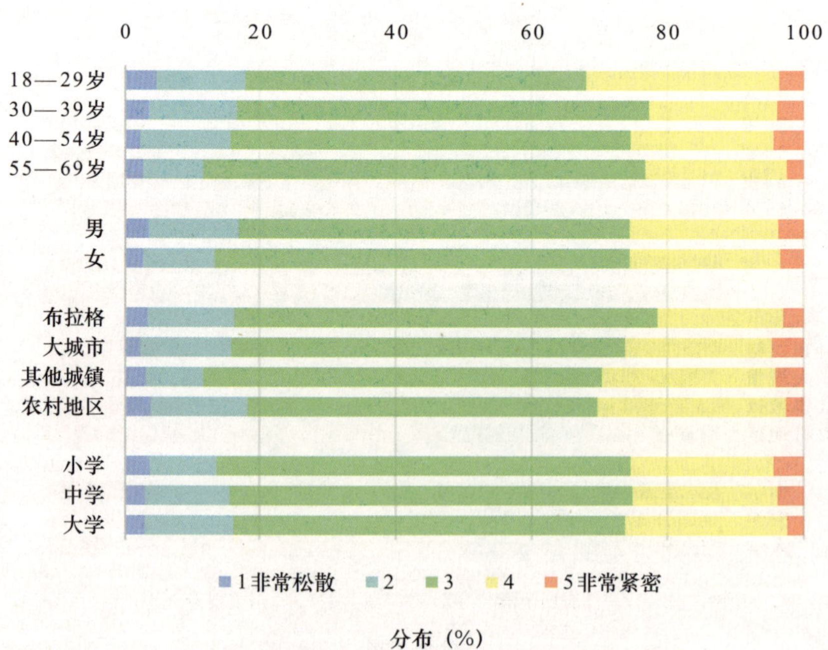

图42 你认为中国与你的国家之间关系如何？

资料来源：中国—中东欧研究院、匈牙利经济研究院（GKI）2017年秋季调查问卷。

的（+11），比中东欧平均值（+13）稍低，在所调查国家排名中列第10位。按年龄组划分，55—69岁人群的数值高于捷克平均值；按性别划分，则是男性；按居住地划分，是其他城镇居民；按受教育程度划分，则是中等教育程度人群。

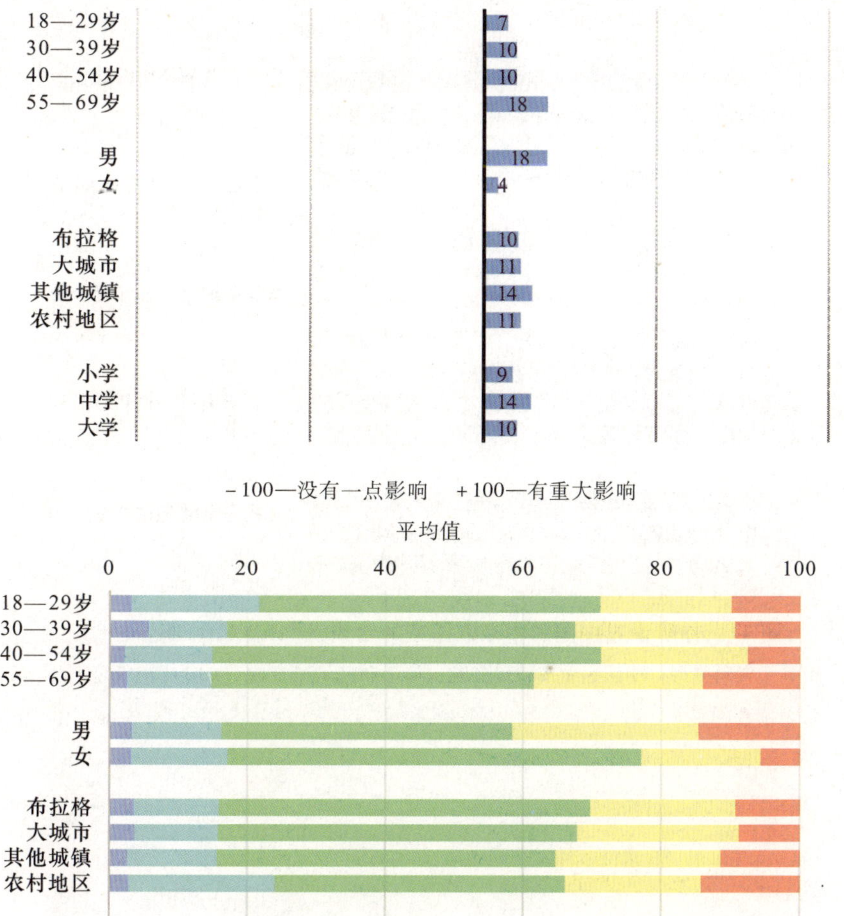

图43　你对旨在加强中国与中东欧国家之间贸易和经济关系的"一带一路"倡议在未来5年所产生的影响如何看待？

资料来源：中国—中东欧研究院、匈牙利经济研究院（GKI）2017年秋季调查问卷。

36%的捷克人没有听说过中国和包括捷克在内的中东欧国家（“16 + 1”）的合作。剩余64%的人群如果按100%计算，有约71%听说过，但不知道是关于什么的，约26%知道一些细节，约3%知道很多细节，只有约1%表示他们完全清楚。

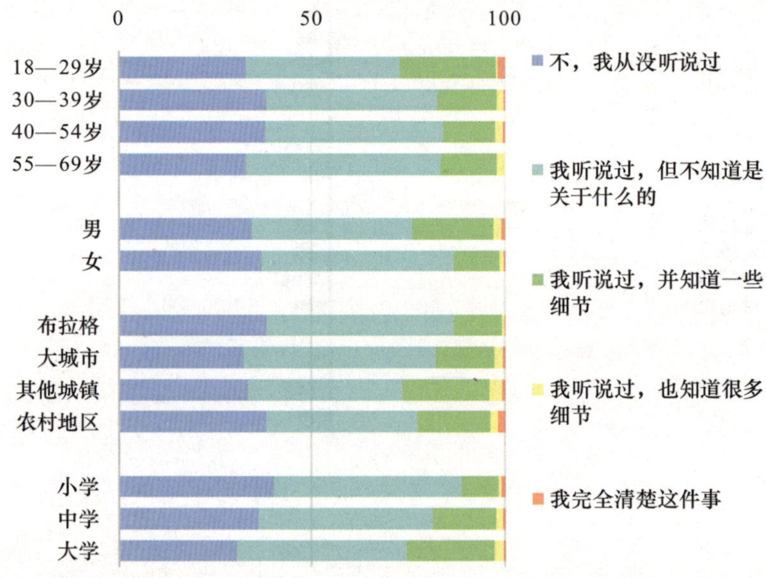

图44 你听说过中国和中东欧国家的合作（“16 + 1”）吗？（%）

资料来源：中国—中东欧研究院、匈牙利经济研究院（GKI）2017年秋季调查问卷。

六　爱沙尼亚

爱沙尼亚居民对中国在过去两年的经济发展的评估是快速（+41），与中东欧平均值（+41）相同，在被调查国家中排名第6位。按年龄组划分，50岁以上人群的问卷数值高于爱沙尼亚平均值；按性别划分，则是男性；按居住地划分，是居住在大城市和塔林的人口；按受教育程度划分，则是受过中等和高等教育的人群。

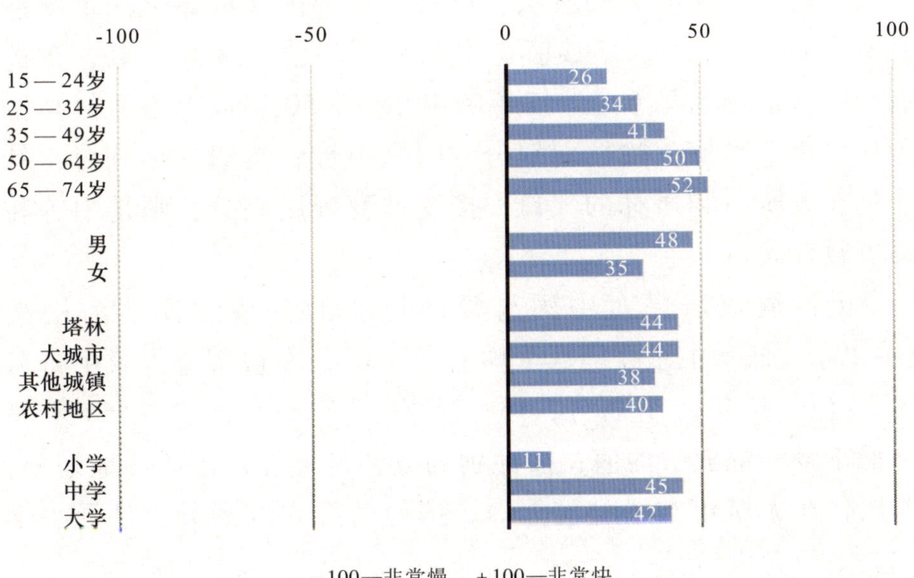

-100—非常慢　+100—非常快

平均值

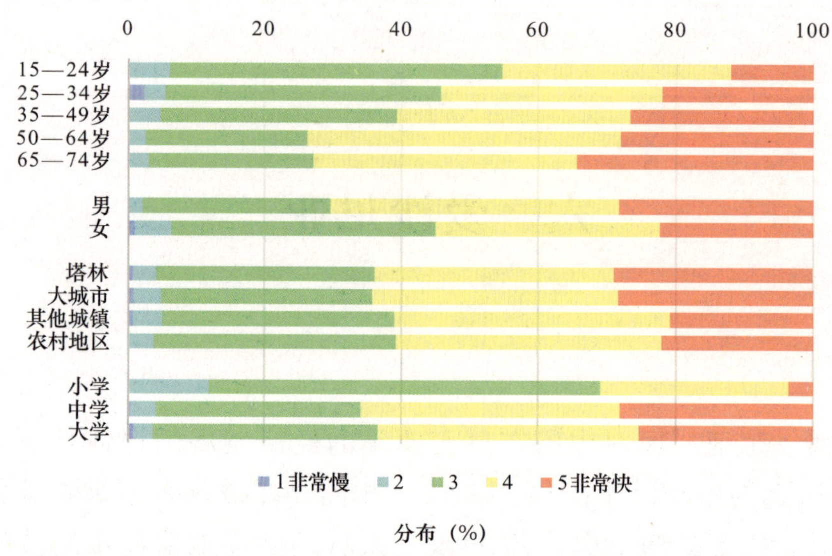

图 45 你如何评价中国最近两年的经济发展？

资料来源：中国—中东欧研究院、匈牙利经济研究院（GKI）2017 年秋季调查问卷。

根据爱沙尼亚人的看法，过去 5 年中国在世界上的重要性有所提高（+47），该数值比中东欧平均值（+43）高，在被调查国家中排名第 6 位。按年龄组划分，50 岁以上组数值高于爱沙尼亚平均值；按性别划分，则是男性；按居住地划分，是居住在大城市和塔林的人口；按受教育程度划分，则是中等和高等教育人口。

爱沙尼亚居民对中国与爱沙尼亚的关系的评估为松散（-20），低于中东欧国家平均值（+1），在被调查国家中排名第 14 位。按年龄组划分，15—24 岁、35—49 岁、50—64 岁三组低于爱沙尼亚平均值；按性别划分，是男性；按居住地划分，是居住在大城市和塔林的人口；按受教育程度划分，是受小学和高等教育人口。

爱沙尼亚人认为，未来 5 年“一带一路”倡议对中国与爱沙尼亚之间的关系可能会产生一些负面影响（-5），该数值远小于中东欧国家的平均值（+13），在被调查国家中排名最后。

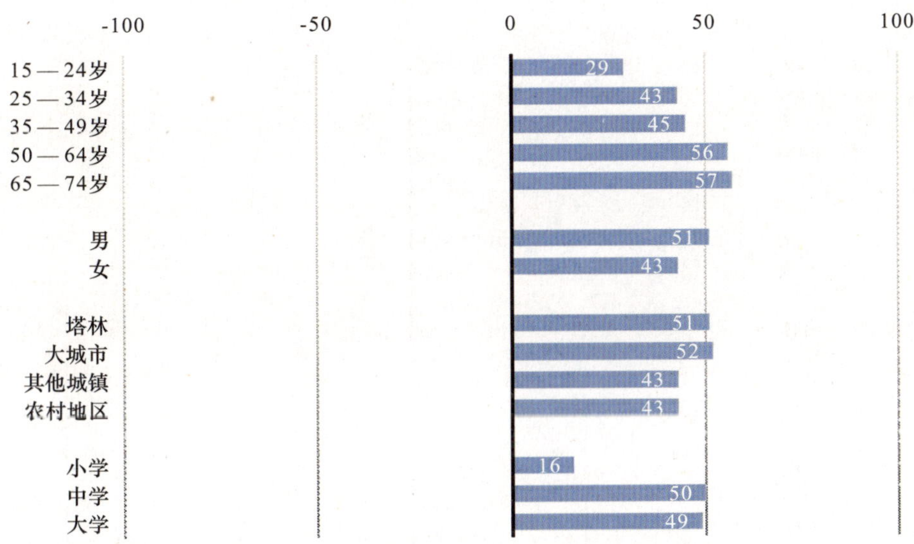

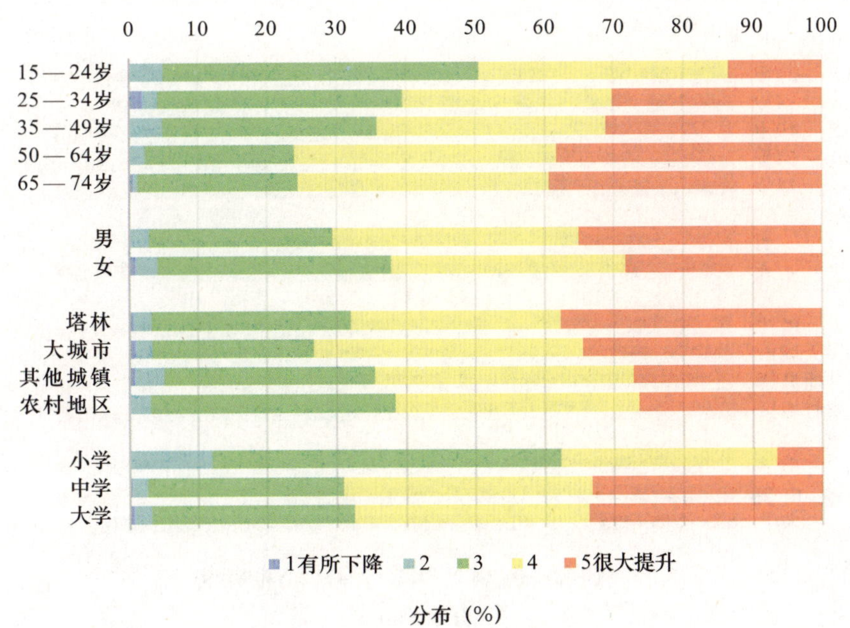

图 46　中国最近 5 年在世界上的重要性如何？

资料来源：中国—中东欧研究院、匈牙利经济研究院（GKI）2017 年秋季调查问卷。

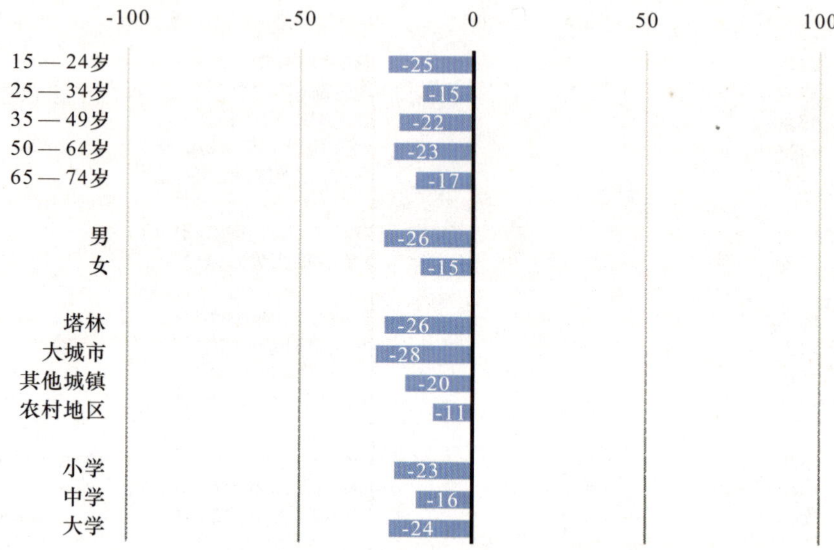

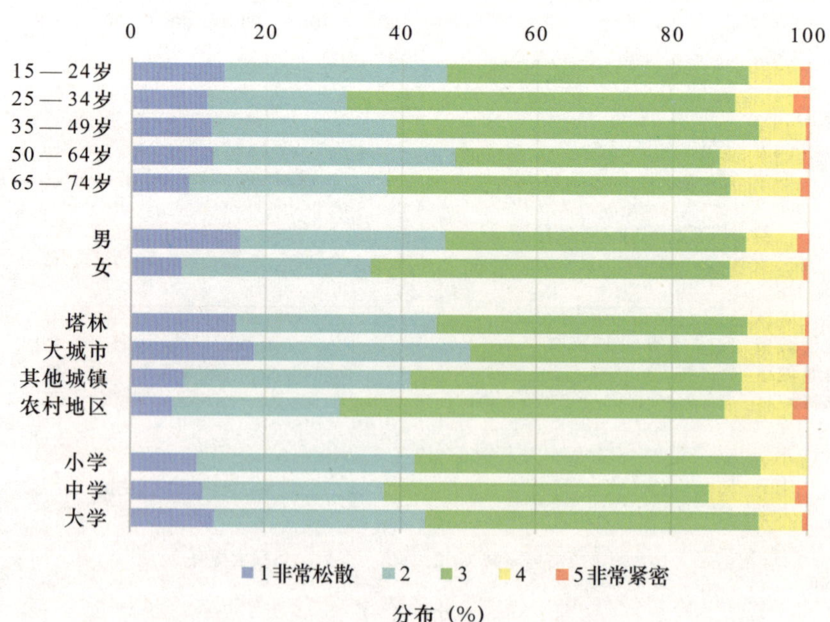

图47 你认为中国与你的国家之间关系如何？

资料来源：中国—中东欧研究院、匈牙利经济研究院（GKI）2017年秋季调查问卷。

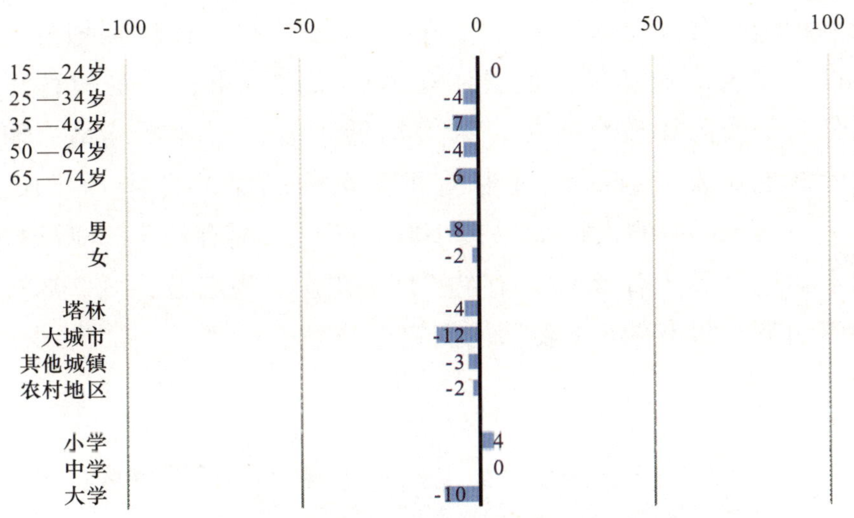

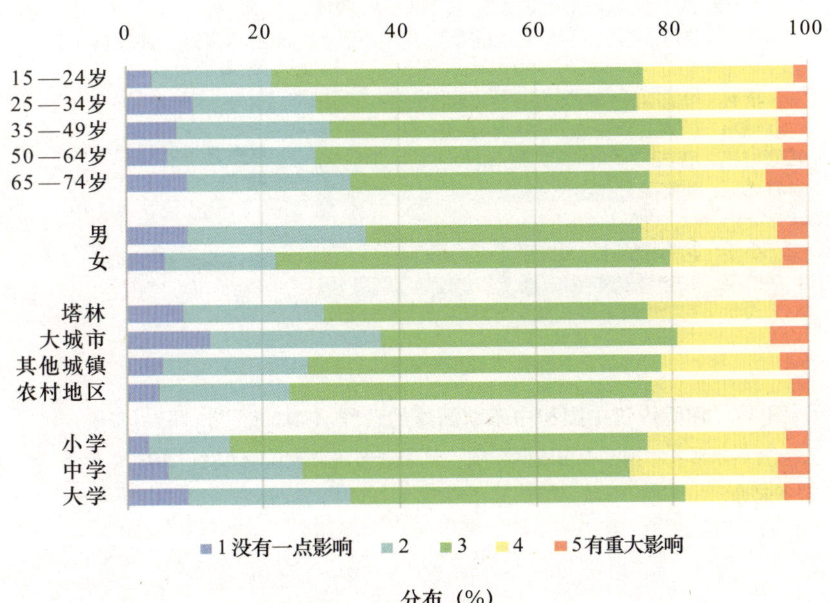

图48　你对旨在加强中国与中东欧国家之间贸易和经济关系的“一带一路”倡议在未来5年所产生的影响如何看待？

资料来源：中国—中东欧研究院、匈牙利经济研究院（GKI）2017年秋季调查问卷。

按年龄组划分，是35—49岁、65—74岁人群；按性别划分，是男性；按居住地划分，是居住在大城市的人群；按受教育程度划分，是受高等教育阶层，数值均低于爱沙尼亚平均值。64%的爱沙尼亚人没有听说过中国和中东欧国家的合作（“16 + 1”）。剩余36%的人群如果按100%计算，则有约77%听说过，但不知道是关于什么的，有约21%知道一些细节，约2%知道很多细节，只有约1%表示他们完全清楚。

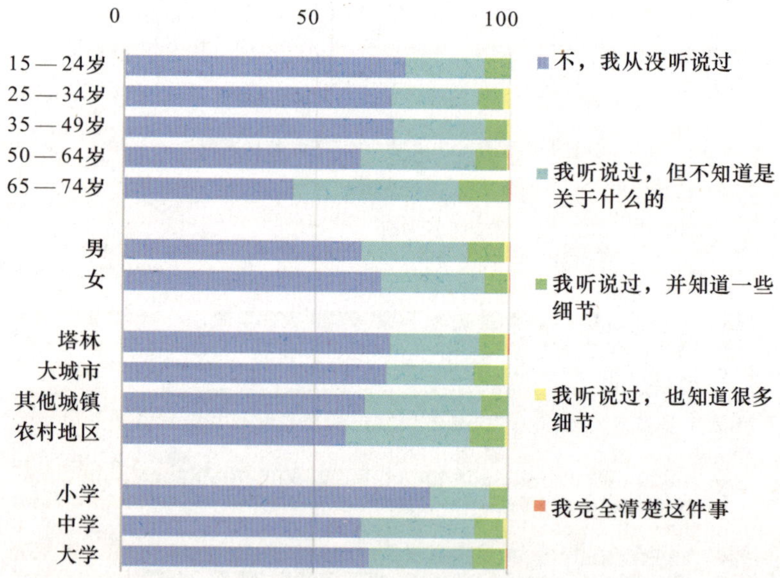

图49 你听说过中国和中东欧国家的合作（“16 + 1”）吗？（%）

资料来源：中国—中东欧研究院、匈牙利经济研究院（GKI）2017年秋季调查问卷。

七　匈牙利

匈牙利居民对中国经济过去两年发展状况的评估是快速增长（+33），但该数值低于中东欧国家的平均值（+41），在被调查国家中排名第14位。按年龄组划分，是30—49岁；按性别划分，是男性；按居住地划分，是农村地区和其他城镇居民；按受教育程度划分，是受过高等和中等教育的人群，数值均高于匈牙利平均值。

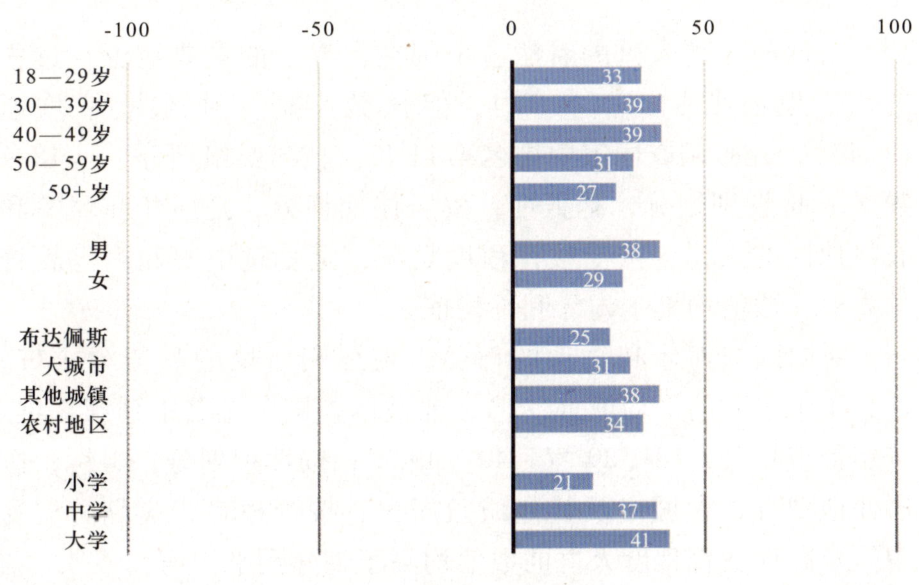

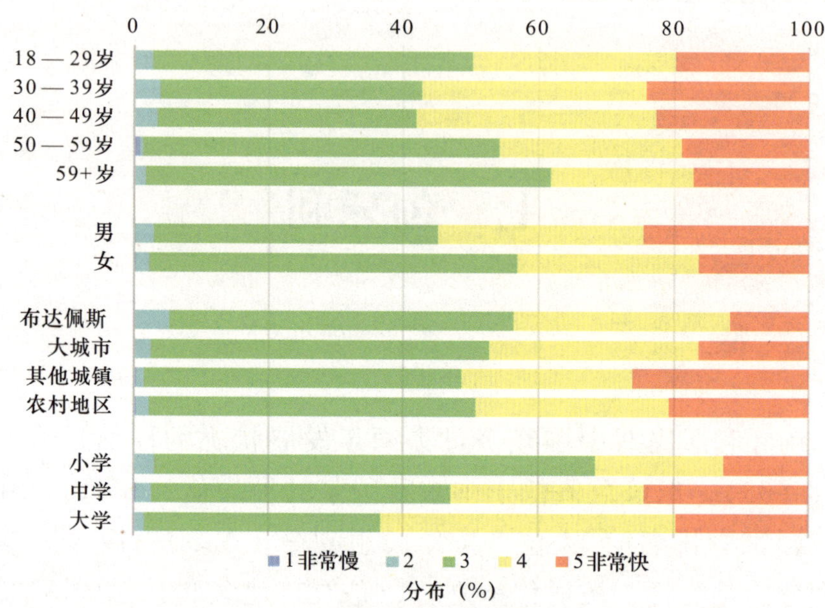

图50 你如何评价中国最近两年的经济发展？

资料来源：中国—中东欧研究院、匈牙利经济研究院（GKI）2017年秋季调查问卷。

根据匈牙利人民的看法，中国在世界上的重要地位在过去的5年里有所提升（+36），但该数字低于中东欧平均值（+43），在被调查国家中排名第11位。按年龄组划分，是18—49岁；按性别划分，是男性；按居住地划分，是居住在城镇和农村地区的人群；按受教育程度划分，是受过中等和高等教育的人群，数值均高于匈牙利平均值。

对中国与匈牙利关系的评估，匈牙利居民的数值为+17，远高于中东欧的平均值（+1），在被调查国家排名中列第3位。按年龄组划分，18—29岁、40—49岁；按性别划分，男性；按居住地划分，大城市及其他城镇居民；按受教育程度划分，受中等及高等教育程度人群的数值均高于匈牙利平均值。

匈牙利居民认为，未来5年，“一带一路”倡议对中国与匈牙利之间关系可能带来的影响略微正面（+8），该数字小于中东欧国家的平均值（+13），在被调查国家中排名第11位。按

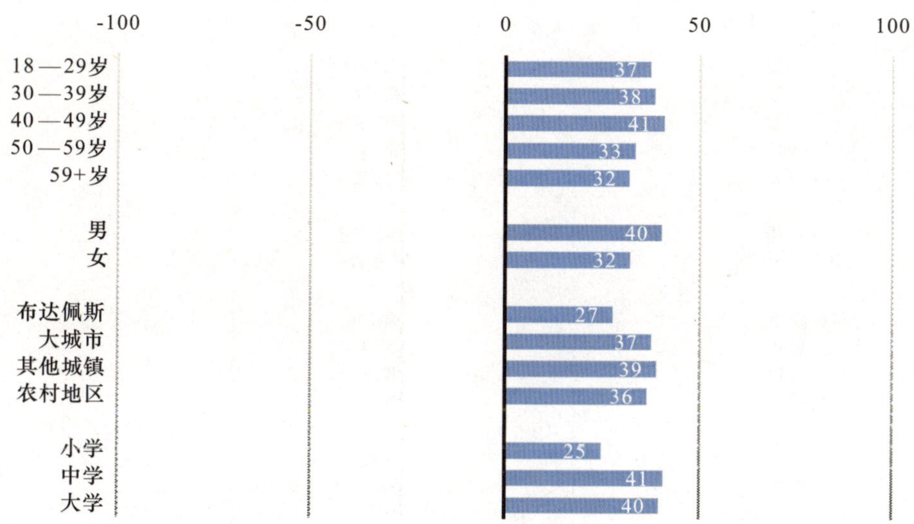

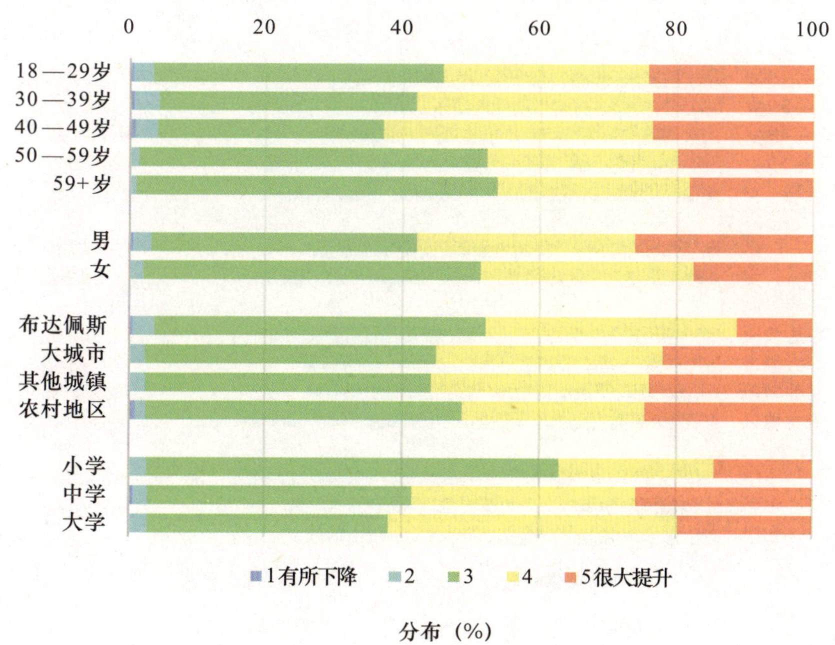

图51 中国最近5年在世界上的重要性如何？

资料来源：中国—中东欧研究院、匈牙利经济研究院（GKI）2017年秋季调查问卷。

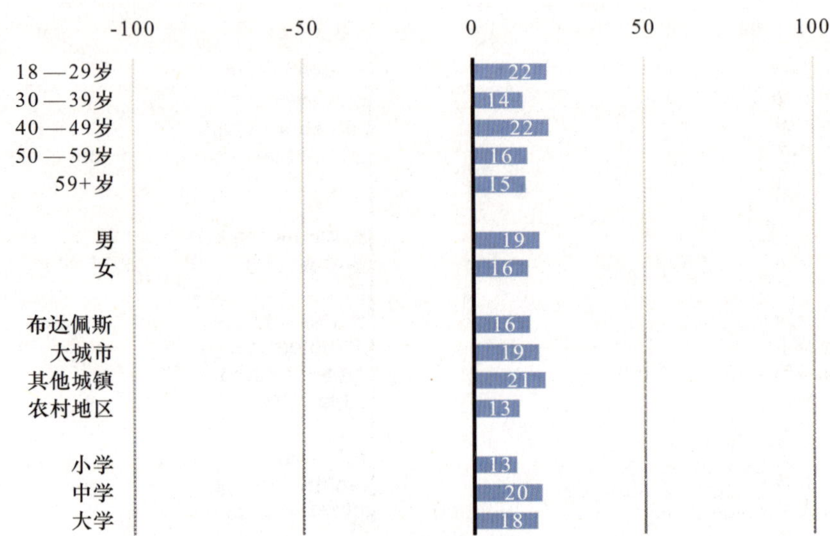

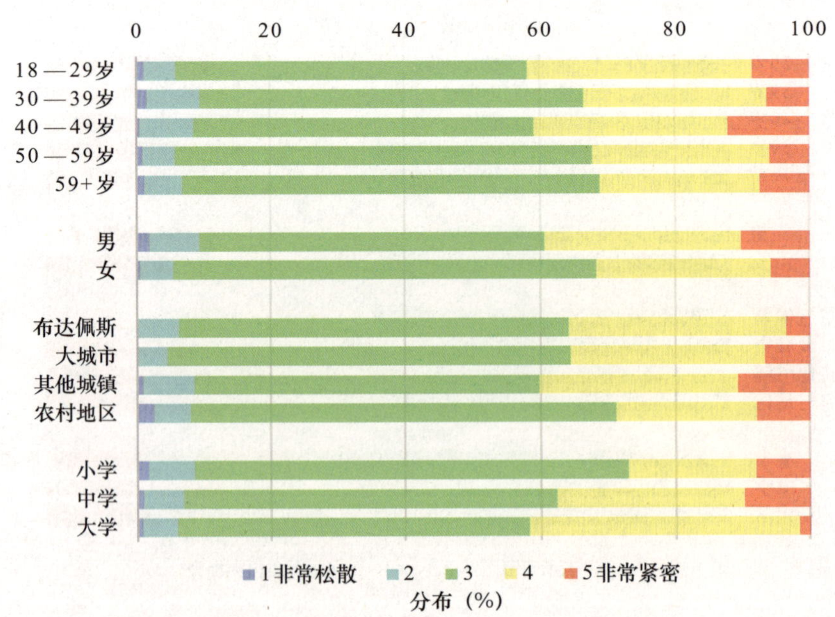

图52 你认为中国与你的国家之间关系如何？

资料来源：中国—中东欧研究院、匈牙利经济研究院（GKI）2017年秋季调查问卷。

年龄组划分，18—29 岁、40—59 岁；按居住地划分，在布达佩斯、大城市和其他城镇居住的人群；按受教育程度划分，受过中等和高等教育的人群数值高于匈牙利平均值。

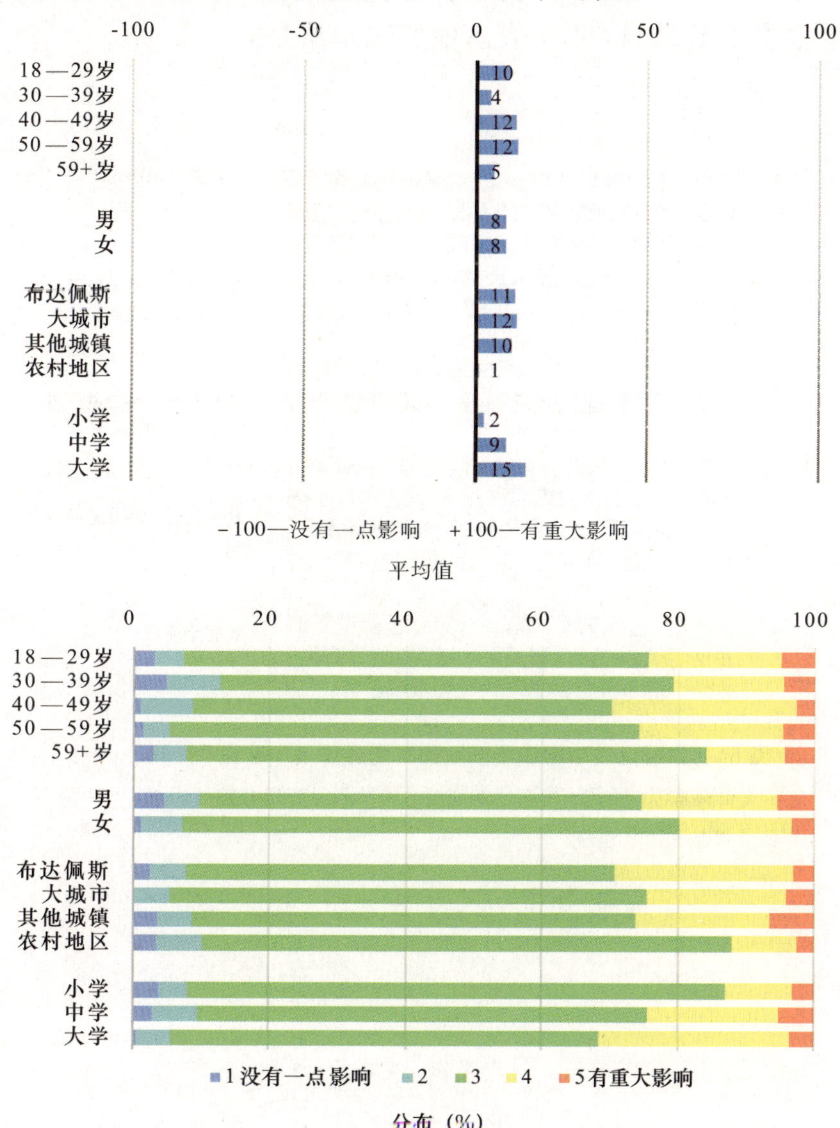

图 53 你对旨在加强中国与中东欧国家之间贸易和经济关系的“一带一路”倡议在未来 5 年所产生的影响如何看待？

资料来源：中国—中东欧研究院、匈牙利经济研究院（GKI）2017 年秋季调查问卷。

38%的匈牙利人没有听说过中国与中东欧国家的合作（“16 + 1”）。剩余62%的人群如果按100%计算，那么有40%听说过，但不知道是关于什么的，50%知道一些细节，8%知道很多细节，只有2%表示他们完全清楚。

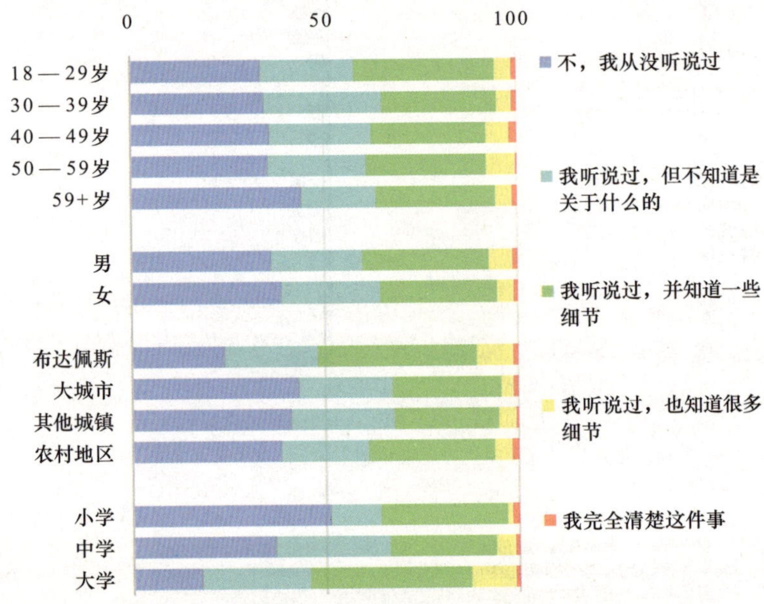

图54 你听说过中国和中东欧国家的合作（“16 + 1”）吗？（%）

资料来源：中国—中东欧研究院、匈牙利经济研究院（GKI）2017年秋季调查问卷。

八　拉脱维亚

拉脱维亚居民评估中国在过去两年的经济发展为快速（+37），但比中东欧平均值（+41）要低些，在被调查国家中排名第10位。按年龄组划分，35—64岁；按性别划分，女性；按居住地划分，居住在里加和其他城镇的人群；按受教育程度划分，受过高等教育人群的数值高于拉脱维亚平均值。

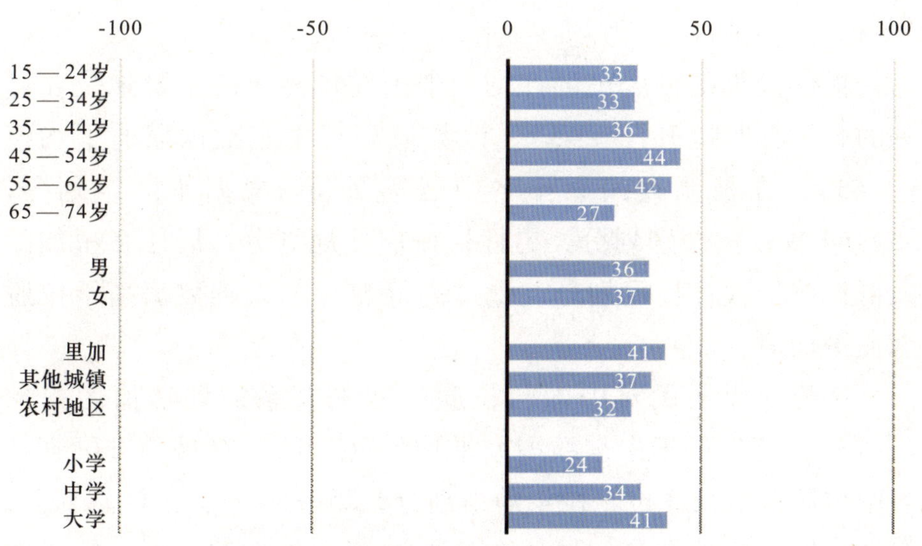

平均值

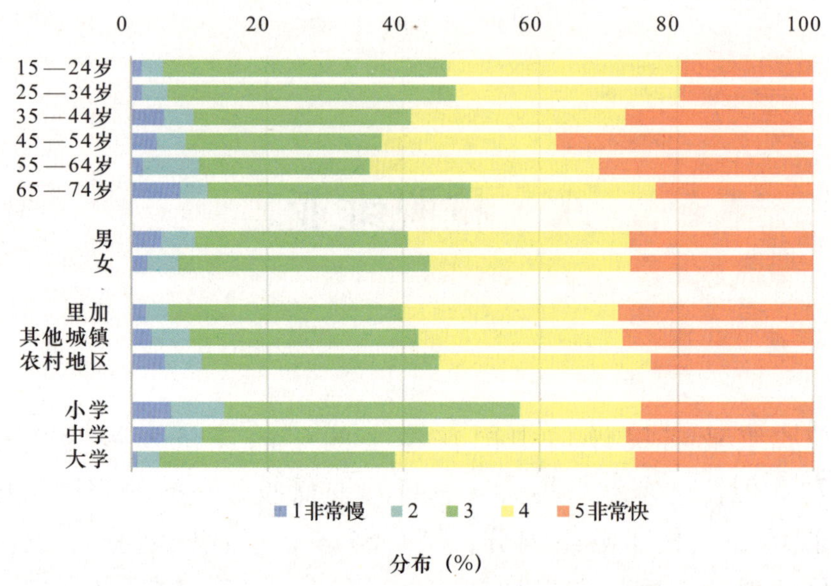

图 55 你如何评价中国最近两年的经济发展?

资料来源：中国—中东欧研究院、匈牙利经济研究院（GKI）2017 年秋季调查问卷。

根据拉脱维亚居民的评估，中国在世界上的重要地位在过去的 5 年有所提升（+45），该数值高于中东欧国家的平均值（+43），在被调查国家排名中居第 7 位。根据年龄组划分，35—64 岁；按性别划分，男性；按居住地划分，居住在里加的人群；按受教育程度划分，受过高等教育的人群数值高于拉脱维亚平均值。

拉脱维亚居民对中国与拉脱维亚的关系的评估值为松散（-23），远远低于中东欧国家平均值（+1），在被调查国家排名中位居倒数第 2 位。按年龄组划分，25—54 岁；按性别划分，男性；按居住地划分，居住在其他城镇和里加的人群；按受教育程度划分，受过高等教育的人群的数值低于拉脱维亚平均值。

拉脱维亚人认为，“一带一路”倡议在未来 5 年对中国与拉脱维亚之间关系可能带来的影响略微正面（+7），小于中东欧国家的平均值（+13），在被调查国家中排名第 12 位。按年龄

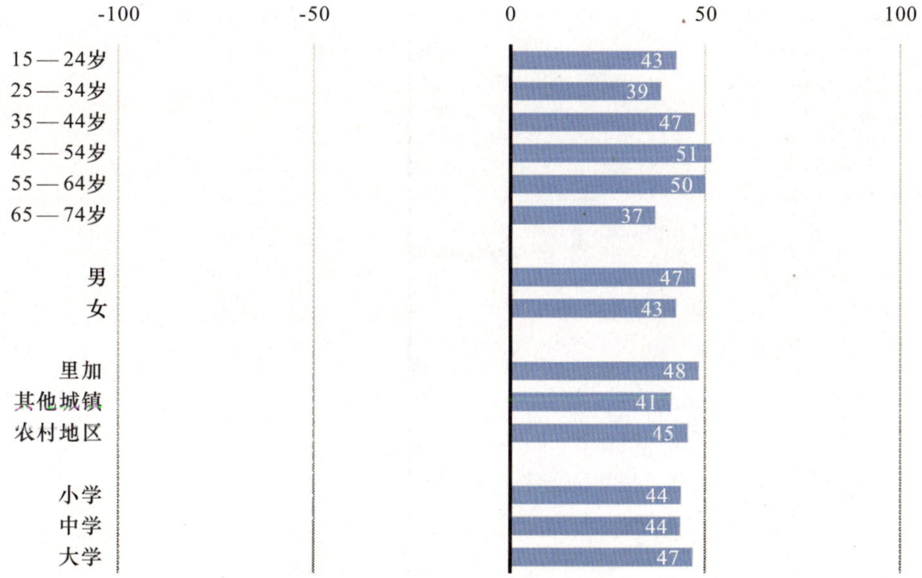

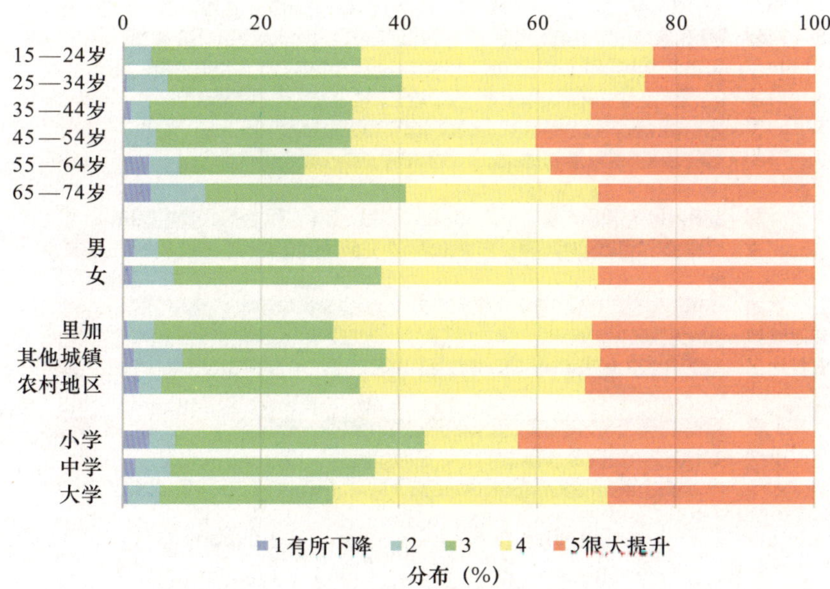

图 56　中国最近 5 年在世界上的重要性如何?

资料来源：中国—中东欧研究院、匈牙利经济研究院（GKI）2017 年秋季调查问卷。

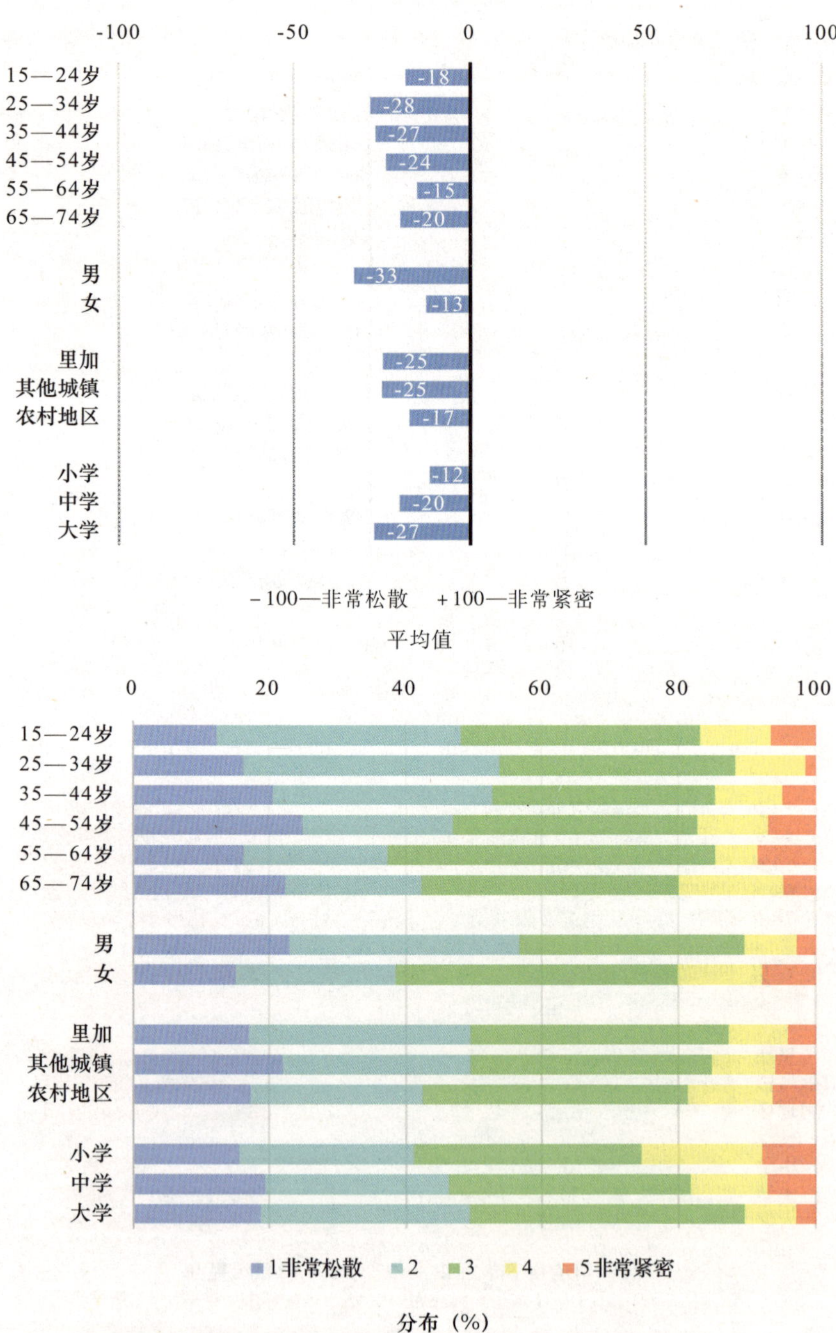

图 57 你认为中国与你的国家之间关系如何？

资料来源：中国—中东欧研究院、匈牙利经济研究院（GKI）2017 年秋季调查问卷。

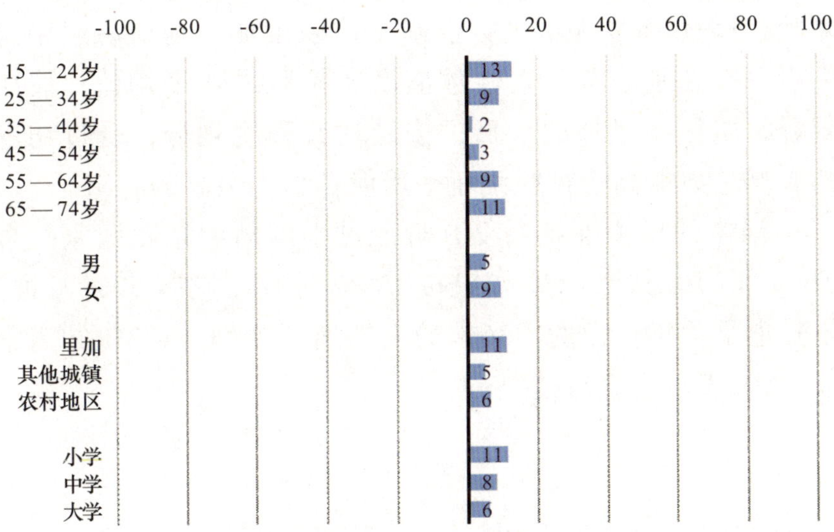

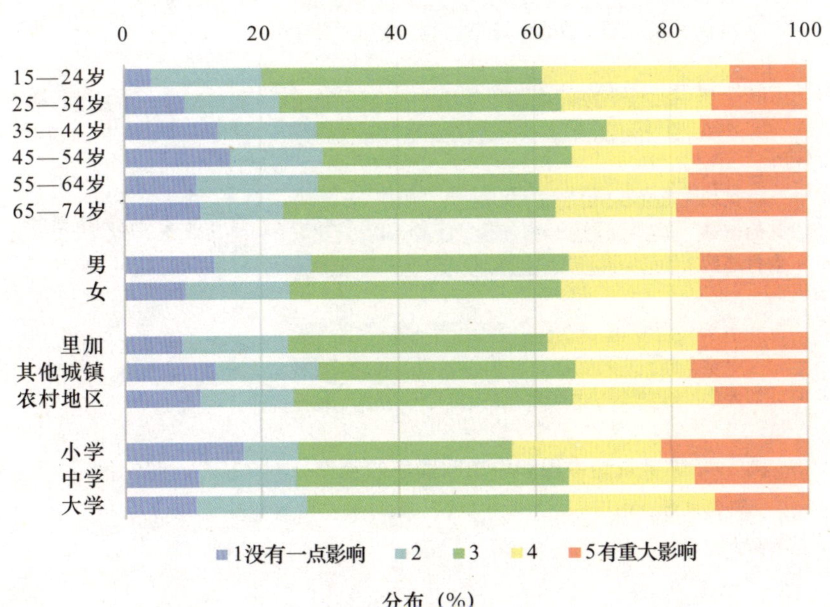

图 58 你对旨在加强中国与中东欧国家之间贸易和经济关系的“一带一路”倡议在未来 5 年所产生的影响如何看待？

资料来源：中国—中东欧研究院、匈牙利经济研究院（GKI）2017 年秋季调查问卷。

组划分，15—24 岁人群是数值高于拉脱维亚平均值各组中最高的一组；按性别划分，女性数值高于拉脱维亚平均值；按居住地划分，居住在里加的人群；按受教育程度划分，受过初等教育的人群是数值高于拉脱维亚平均值各组中最高的一组。

有 54% 的拉脱维亚人没有听说过中国与中东欧国家的合作（“16 + 1”）。其余 46% 如果按 100% 计算，则有 59% 听说过，但不知道是关于什么的，36% 的人知道一些细节，2% 知道很多细节，3% 表示完全清楚。

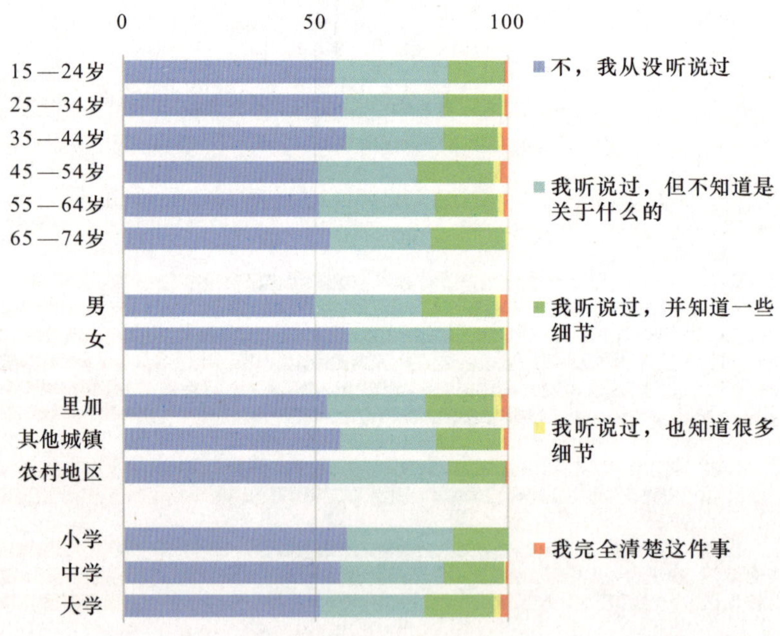

图 59 你听说过中国和中东欧国家的合作（“16 + 1”）吗？（%）

资料来源：中国—中东欧研究院、匈牙利经济研究院（GKI）2017 年秋季调查问卷。

九　立陶宛

立陶宛居民对中国在过去两年经济发展的评估是快速的（+34），但该数值比中东欧国家的平均值（+41）要低，在被调查国家中排名第11位。按年龄组划分，55—64岁；按性别划分，男性；按居住地划分，居住在城镇（维尔纽斯除外）的人群；按接受教育程度划分，受高等教育的人群数值高于立陶宛平均水平。

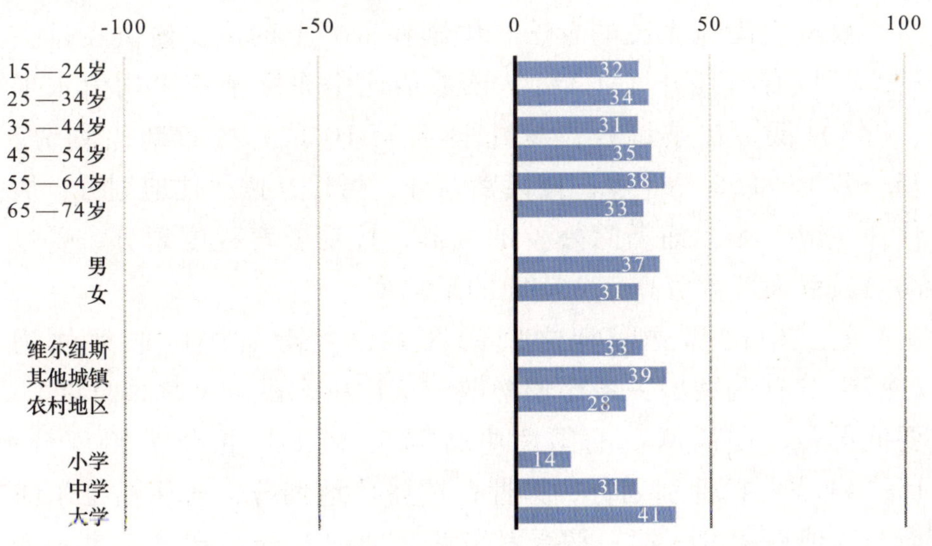

-100—非常慢　+100—非常快

平均值

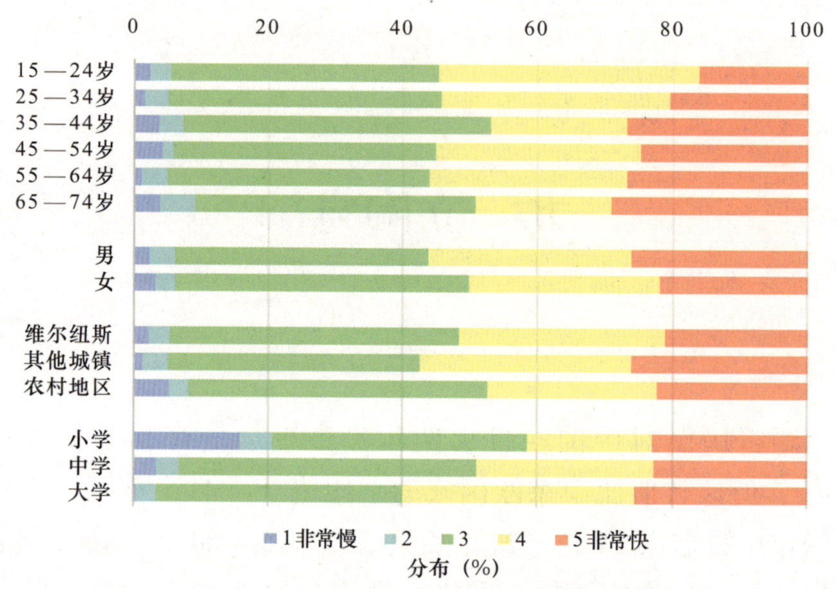

图 60 你如何评价中国最近两年的经济发展？

资料来源：中国—中东欧研究院、匈牙利经济研究院（GKI）2017 年秋季调查问卷。

根据立陶宛人民的看法，中国在世界上的重要地位在过去的 5 年里有所提升（+37），该数值比中东欧国家平均值水平（+43）低，在被调查国家中排名第 10 位。按年龄组划分，35—44 岁和 55—64 岁；按性别划分，男性；按居住地划分，居住在城镇（维尔纽斯除外）的人群；按受教育程度划分，受过高等教育人群数值高于立陶宛的平均值。

关于中国和立陶宛之间的关系，立陶宛居民的评估为（-26），认为两国关系比较松散，这比中东欧的平均值（+1）要低得多，在被调查的国家中排名第 16 位。按年龄组划分，15—44 岁；按性别划分，男性；按居住地划分，居住在维尔纽斯和其他城镇的人群；按受教育程度划分，受过高等教育的人群的数值低于立陶宛的平均值。

立陶宛人认为，未来 5 年“一带一路”倡议对加强中国与立陶宛之间的经贸关系可能非常有利（+30），该数值大于中东

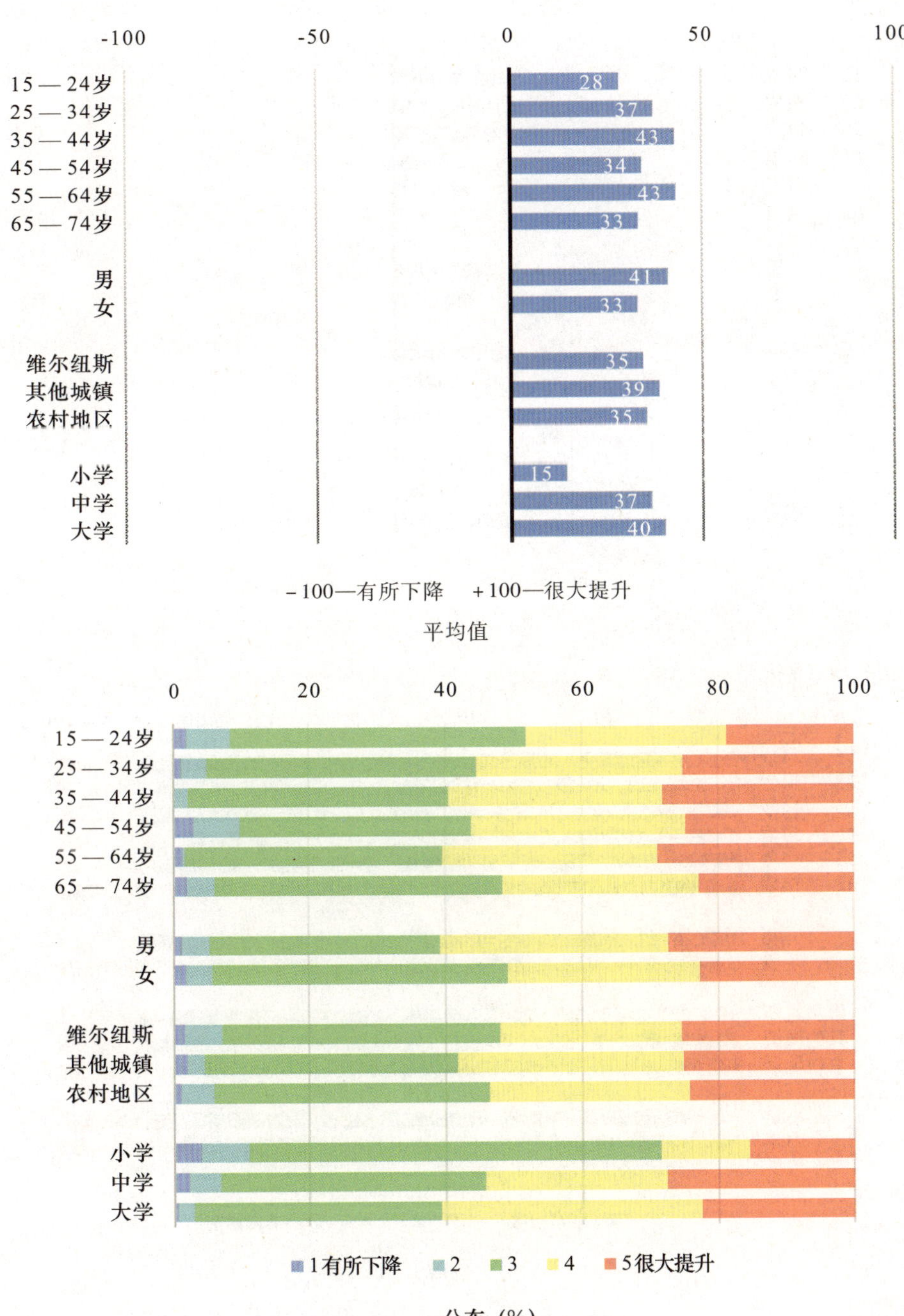

图61　中国最近5年在世界上的重要性如何？

资料来源：中国—中东欧研究院、匈牙利经济研究院（GKI）2017年秋季调查问卷。

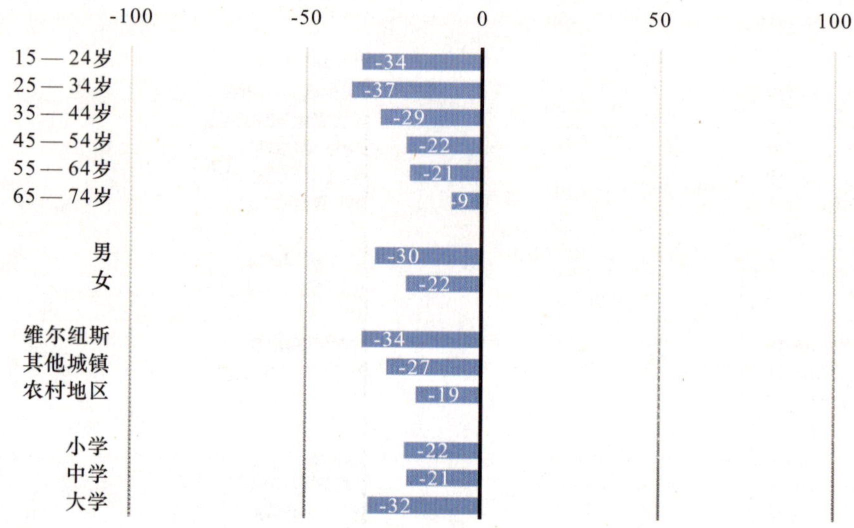

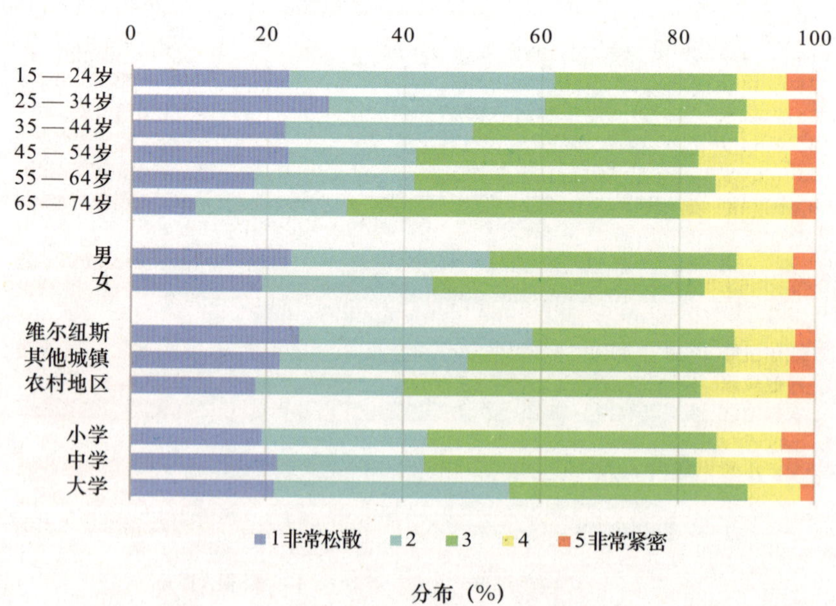

图62 你认为中国与你的国家之间关系如何？

资料来源：中国—中东欧研究院、匈牙利经济研究院（GKI）2017年秋季调查问卷。

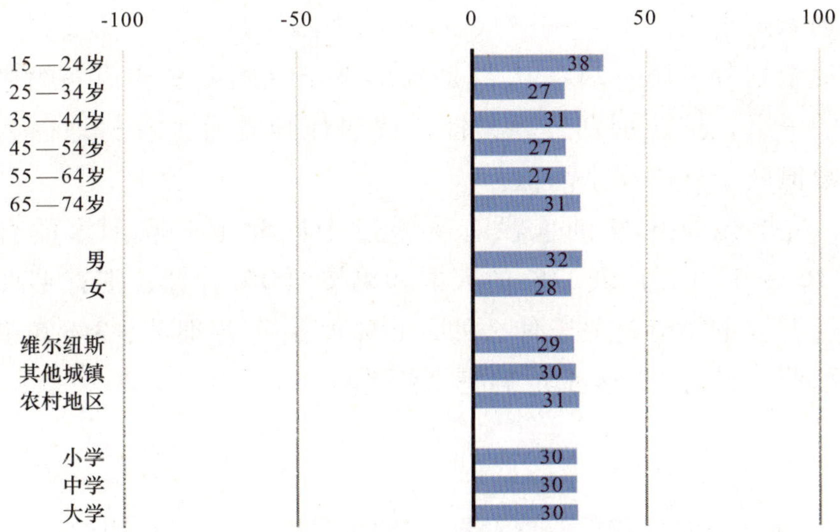

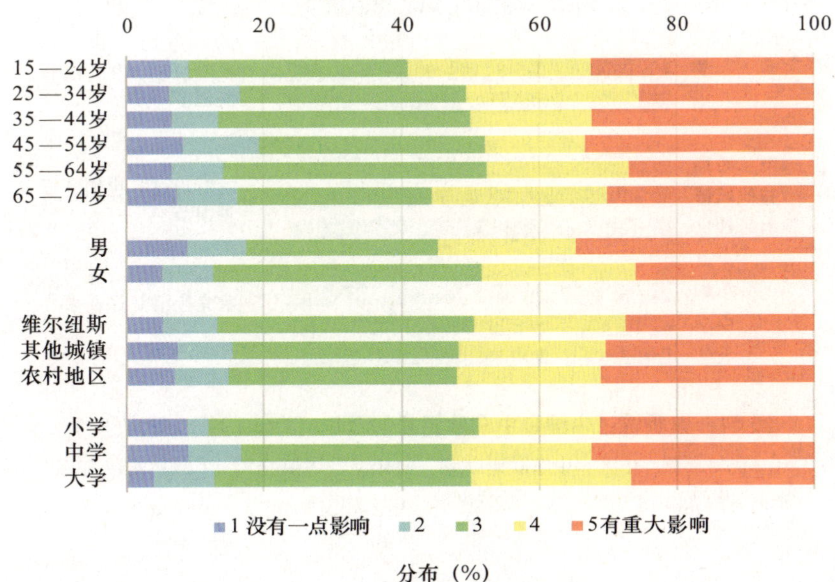

图63　你对旨在加强中国与中东欧国家之间贸易和经济关系的“一带一路”倡议在未来5年所产生的影响如何看待?

资料来源：中国—中东欧研究院、匈牙利经济研究院（GKI）2017年秋季调查问卷。

欧国家的平均水平（+13），在被调查国家排名中居第2位。按年龄组划分，15—24岁人群是数值高于立陶宛平均值各组中最高的一组；按性别划分，男性；按居住地划分，农村地区人群的数值高于立陶宛平均值。

立陶宛有63%的人没有听说过中国和中东欧国家的合作（"16 + 1"）。其余37%的人群如果按100%计算，则有47%听说过，但不知道是关于什么的，49%知道一些细节，3%知道很多细节，只有1%表示他们完全清楚。

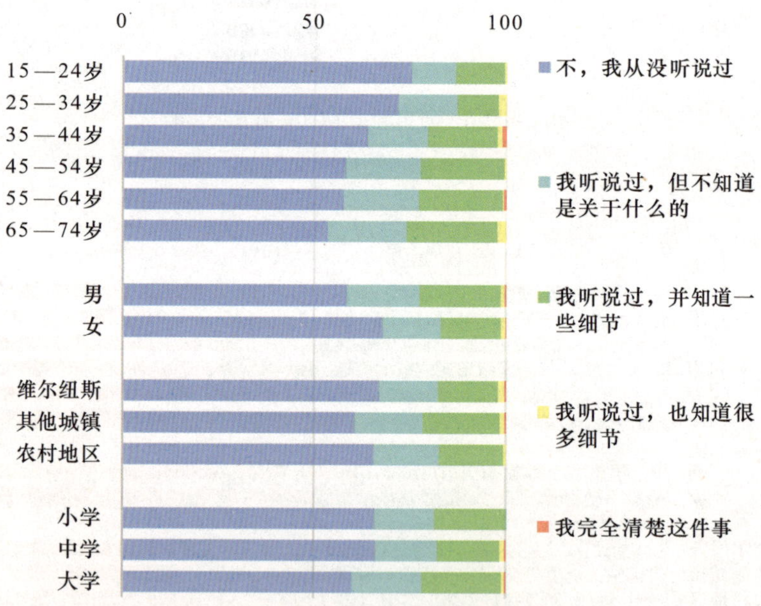

图64 你听说过中国和中东欧国家的合作（"16 + 1"）吗？（%）

资料来源：中国—中东欧研究院、匈牙利经济研究院（GKI）2017年秋季调查问卷。

十　马其顿

马其顿居民对中国在过去两年中的经济发展进行评估的数值为+27，比中东欧国家的平均水平（+41）低。在被调查国家中排名最后。按年龄组划分，30—49岁；按性别划分，男性；按居住地划分，城镇居民；按受教育程度划分，受过高等教育人群的数值高于马其顿平均值。

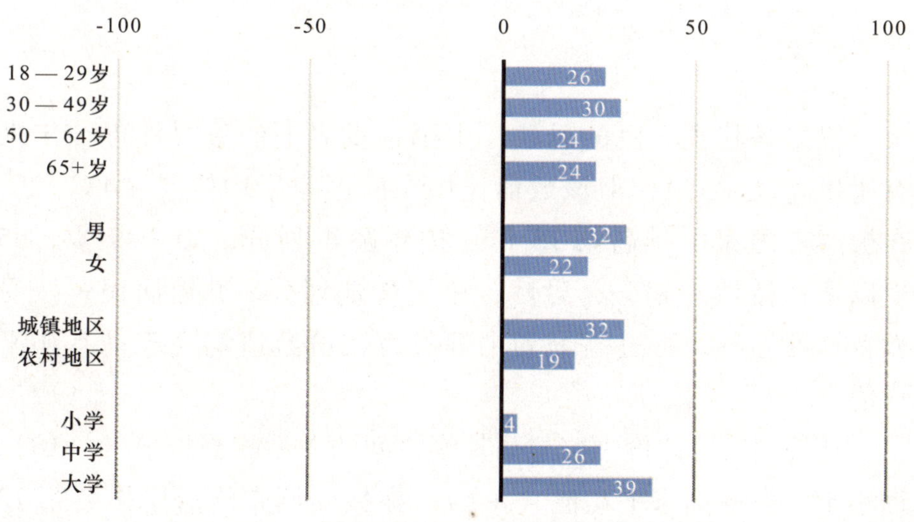

100　非常慢　+100—非常快

平均值

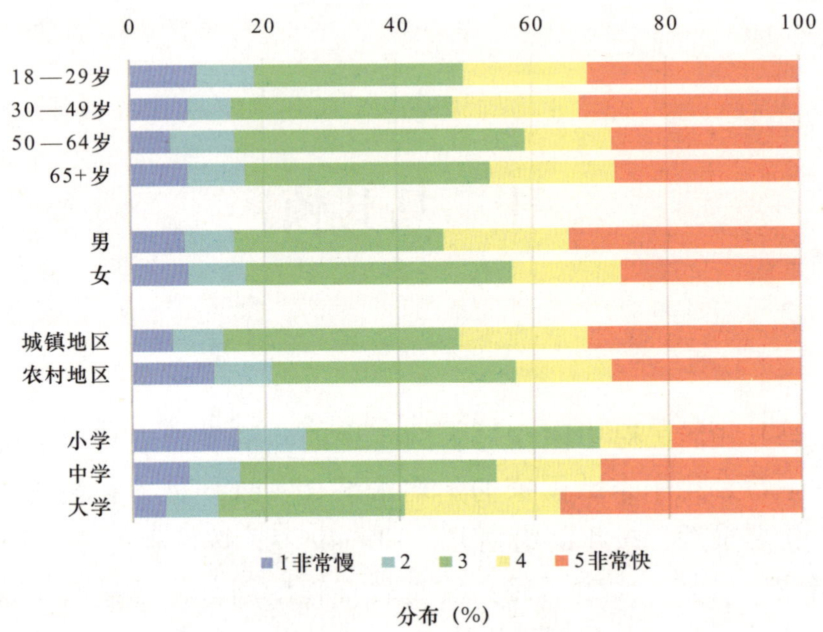

图65 你如何评价中国最近两年的经济发展？

资料来源：中国—中东欧研究院、匈牙利经济研究院（GKI）2017年秋季调查问卷。

根据马其顿人民的看法，中国在世界上的重要性近5年来有所提高（+35），但该数值比中东欧国家平均值（+43）低，在被调查国家中排名第13位。按年龄组划分，30—49岁、65岁以上；按性别划分，男性；按居住地划分，城镇居民；按受教育程度划分，受过高等和中等教育人群数值均高于马其顿平均值。

马其顿居民评价中国与马其顿之间的关系相当松散（-16），远小于中东欧国家平均值（+1），在接受调查国家中排名第13位。按年龄组划分，18—49岁；按性别划分，男性；按居住地划分，城镇居民；按受教育程度划分，受过高等教育人群的数值低于马其顿平均值。

马其顿对“一带一路”倡议在未来5年所产生的影响持积极态度（+21），高于中东欧的平均值（+13），在被调查国家

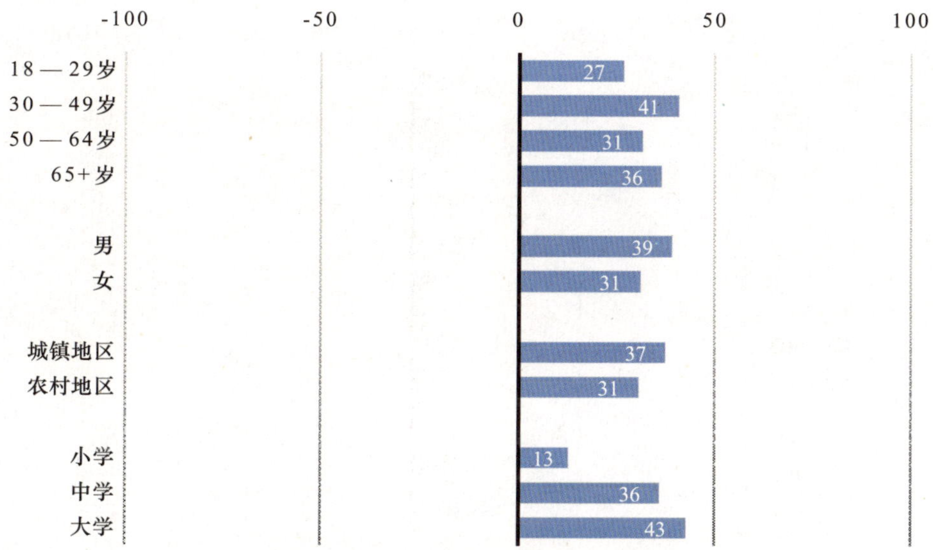

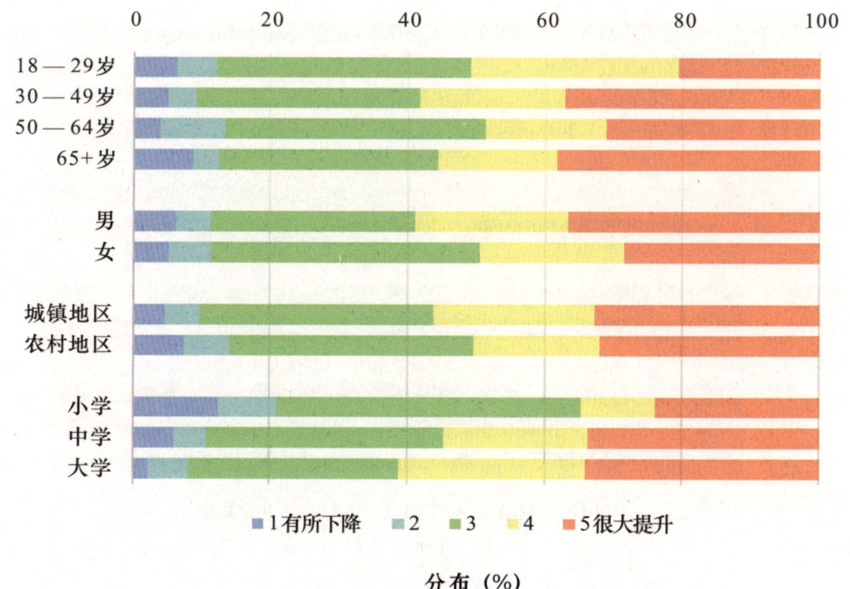

图 66　中国最近 5 年在世界上的重要性如何？

资料来源：中国—中东欧研究院、匈牙利经济研究院（GKI）2017 年秋季调查问卷。

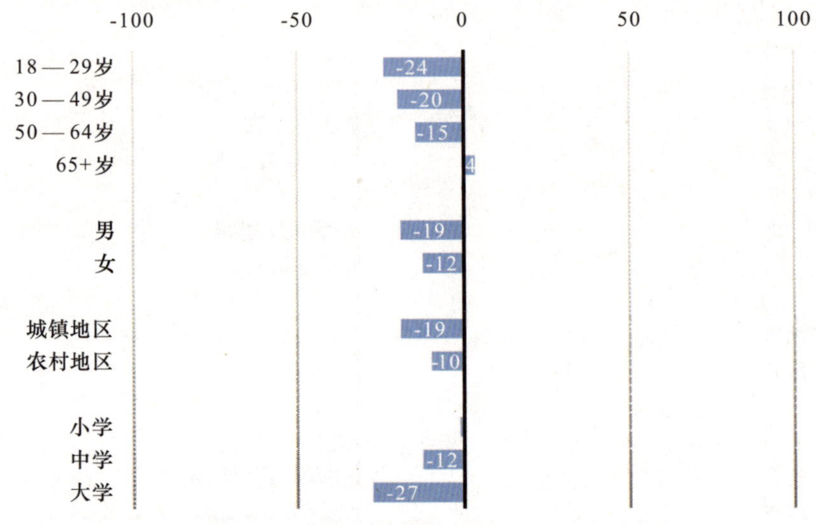

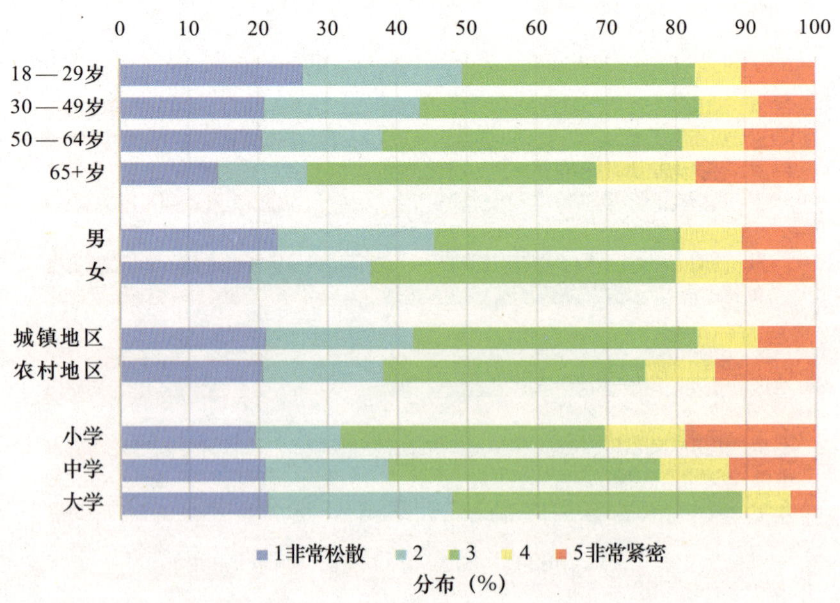

图 67 你认为中国与你的国家之间关系如何？

资料来源：中国—中东欧研究院、匈牙利经济研究院（GKI）2017 年秋季调查问卷。

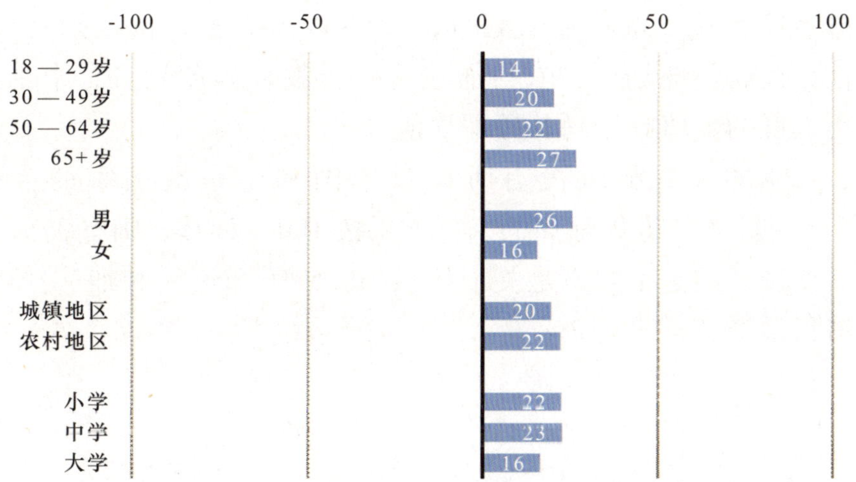

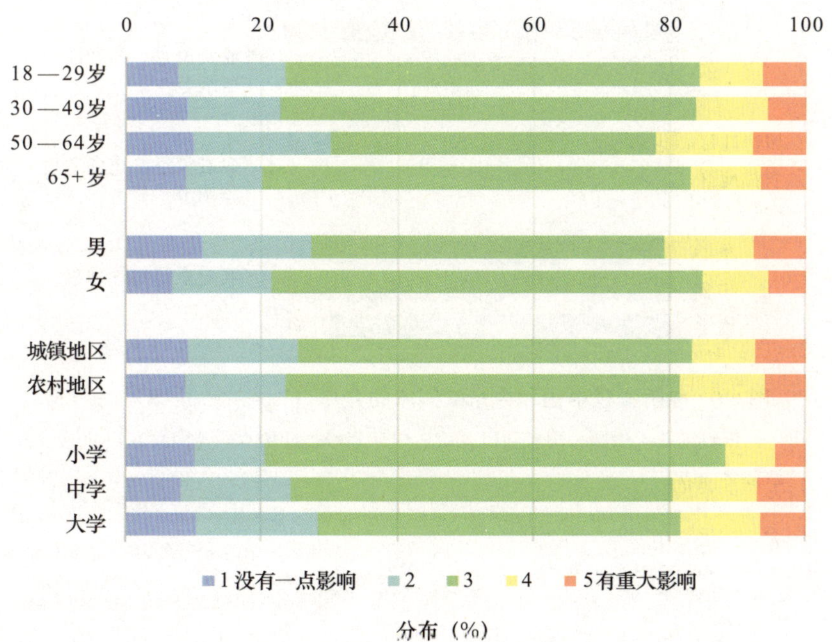

图 68 你对旨在加强中国与中东欧国家之间贸易和经济关系的"一带一路"倡议在未来 5 年所产生的影响如何看待？

资料来源：中国—中东欧研究院、匈牙利经济研究院（GKI）2017 年秋季调查问卷。

中排名第5位。按年龄组划分，50岁以上人群；按性别划分，男性；按居住地划分，农村居民；按受教育程度划分，中小学学历人群的数值高于马其顿平均值。

42%的马其顿人没有听说过中国和中东欧国家的合作（“16+1”）。其余58%的人群如果按100%计算，则有37%已经听说过，但是不知道是关于什么的，58%知道一些细节，3%知道很多细节，只有2%表示他们完全清楚。

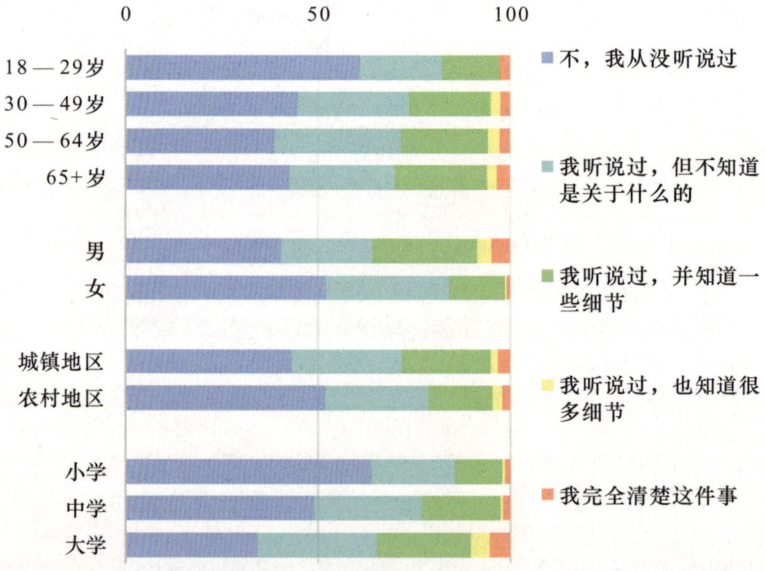

图69 你听说过中国和中东欧国家的合作（“16+1”）吗？（%）

资料来源：中国—中东欧研究院、匈牙利经济研究院（GKI）2017年秋季调查问卷。

十一　黑山

黑山居民对中国过去两年的经济发展评估为快速（+40），稍低于中东欧国家的平均值（+41），在被调查国家的排名中列第 7 位。按年龄组划分，55—69 岁人群是数值高于黑山平均值各组中最高的一组；按性别划分，男性数值高于黑山平均值；按居住地划分，农村居民；按受教育程度划分，受小学教育人群是数值高于黑山平均值各组中最高的一组。

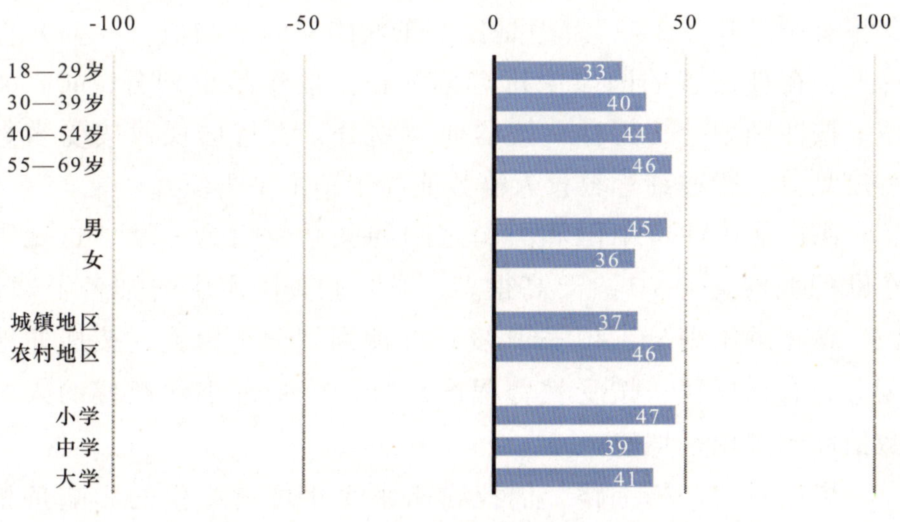

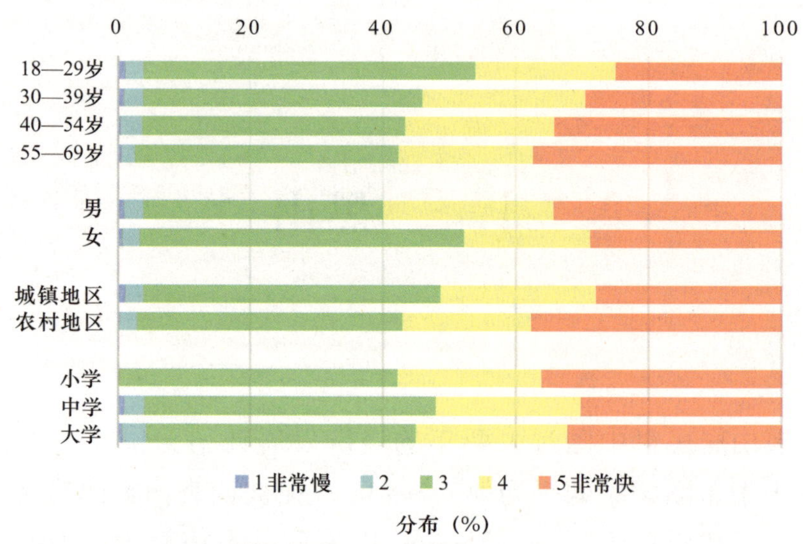

图 70 你如何评价中国最近两年的经济发展?

资料来源：中国—中东欧研究院、匈牙利经济研究院（GKI）2017 年秋季调查问卷。

根据黑山人民的看法，中国在世界上的重要地位在过去的 5 年里有所提升（+42），但是比中东欧国家的平均值（+43）低一些，在被调查的国家中排名第 9 位。按年龄组划分，40—69 岁；按性别划分，男性；按居住地划分，农村居民；按受教育程度划分，受过高等教育人群数值高于黑山平均值。

黑山居民评价中国和黑山之间的关系数值为 +28，这比中东欧的平均值（+1）要高得多，在被调查国家中的排名居第 2 位。按年龄组划分，40—69 岁；按性别划分，男性；按居住地划分，农村居民；按受教育程度划分，接受过小学教育的人群数值高于黑山平均值。

黑山对“一带一路”倡议在未来 5 年可能产生的影响持积极态度（+15），比中东欧国家的平均值（+13）要高，在被调查国家中排名第 8 位。按年龄组划分，40—69 岁；按居住地划分，城镇居民；按受教育程度划分，受过小学教育人群的数值高于黑山平均值。

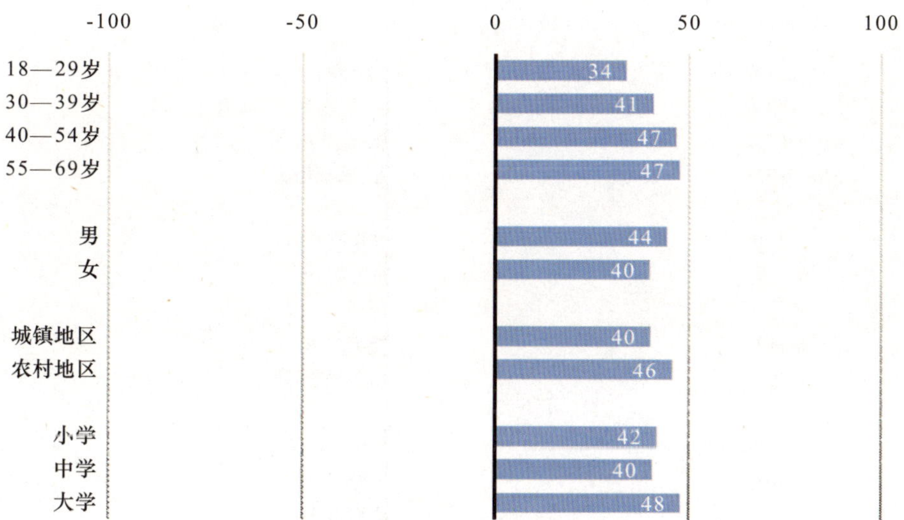

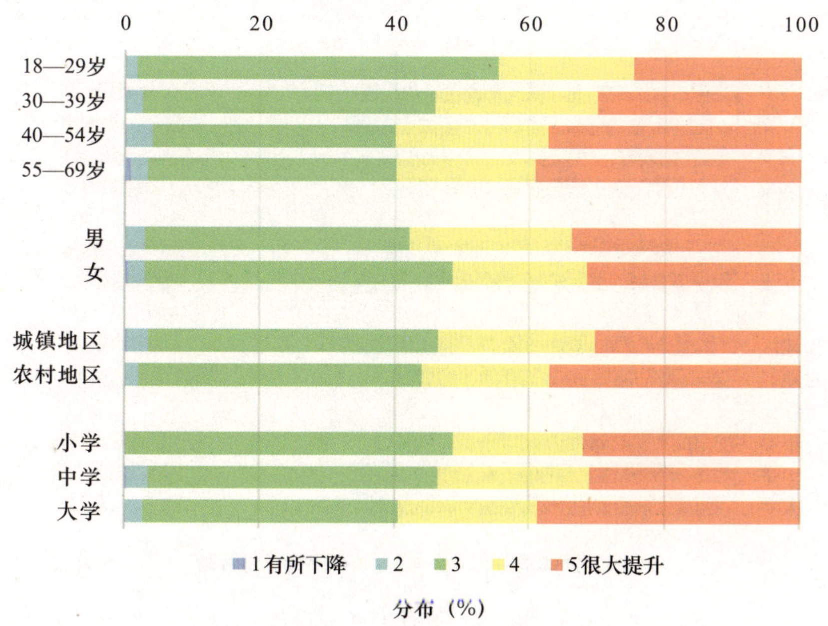

图 71　中国最近 5 年在世界上的重要性如何？

资料来源：中国—中东欧研究院、匈牙利经济研究院（GKI）2017 年秋季调查问卷。

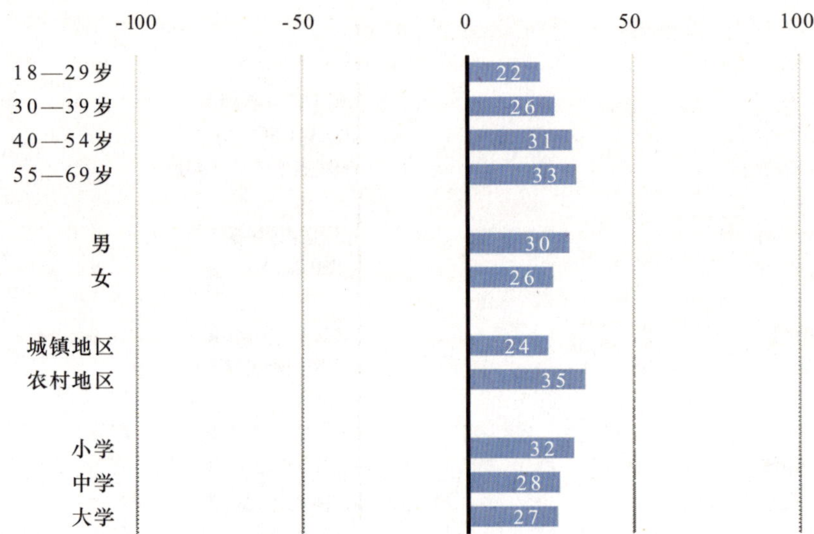

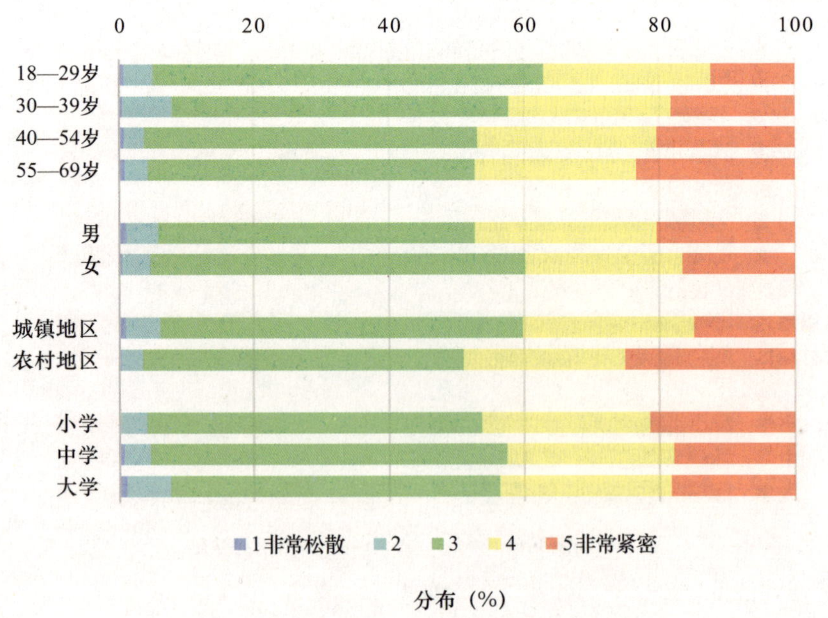

图 72 你认为中国与你的国家之间关系如何？

资料来源：中国—中东欧研究院、匈牙利经济研究院（GKI）2017 年秋季调查问卷。

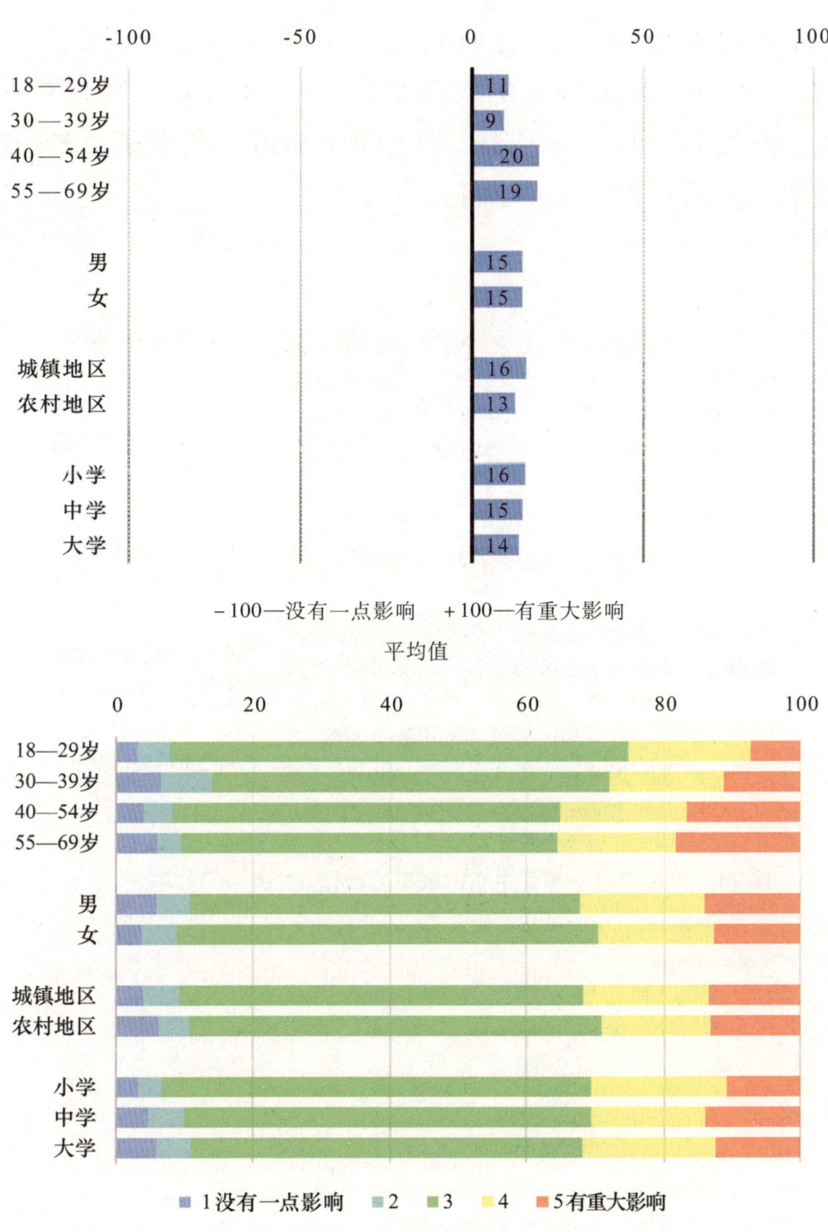

图73　你对旨在加强中国与中东欧国家之间贸易和经济关系的"一带一路"倡议在未来5年所产生的影响如何看待？

资料来源：中国—中东欧研究院、匈牙利经济研究院（GKI）2017年秋季调查问卷。

42%的黑山居民没有听说过中国和中东欧国家的合作（“16 + 1”）。其余58%的人群如果按100%计算，则有37%听说过，但是不知道是关于什么的，58%知道一些细节，3%知道很多细节，只有2%表示他们完全清楚。

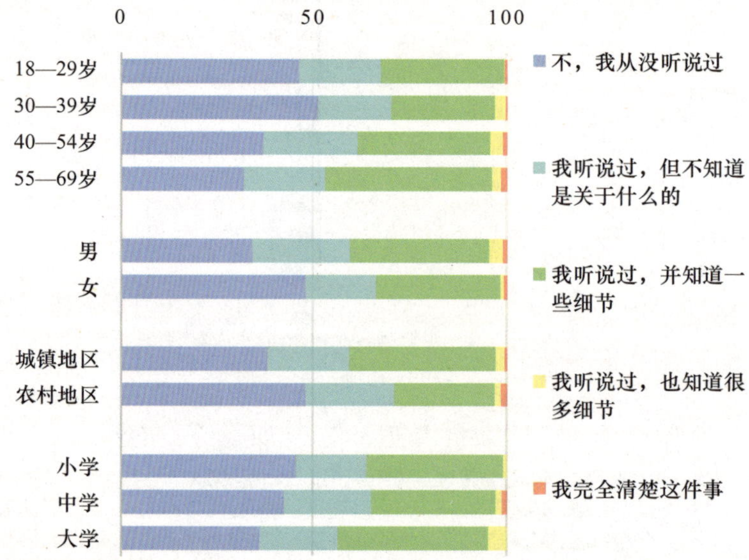

图74　你听说过中国和中东欧国家的合作（“16 + 1”）吗？（%）

资料来源：中国—中东欧研究院、匈牙利经济研究院（GKI）2017年秋季调查问卷。

十二　波兰

波兰居民评价中国过去两年的经济发展，数值为快速（+38），但该数值比中东欧的平均值（+41）低，在被调查国家中的排名为第9位。按年龄组划分，50—59岁；按性别划分，男性；按居住地划分，居住在大城市的居民；按受教育程度划分，受过高等教育人群是数值高于波兰平均值各组中最高的一组。

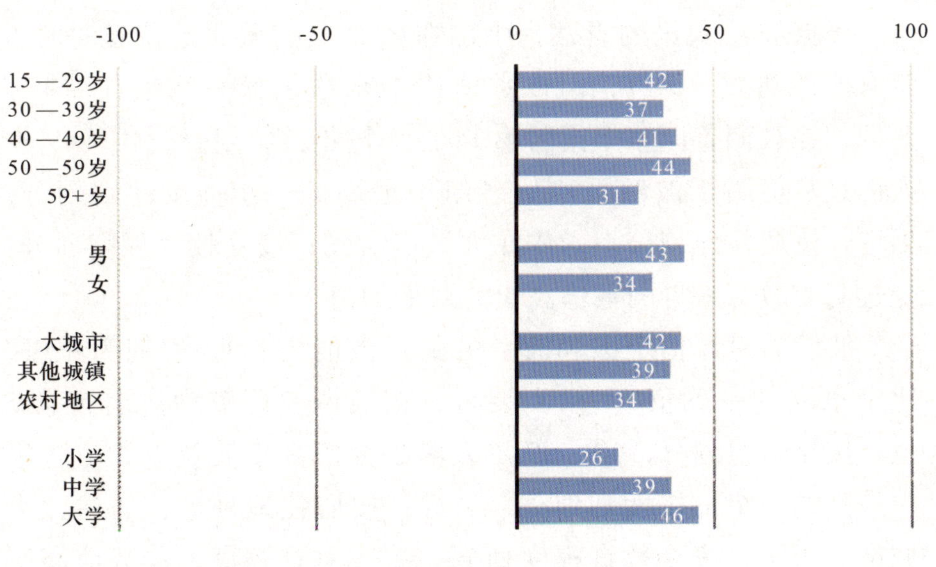

-100—非常慢　+100—非常快

平均值

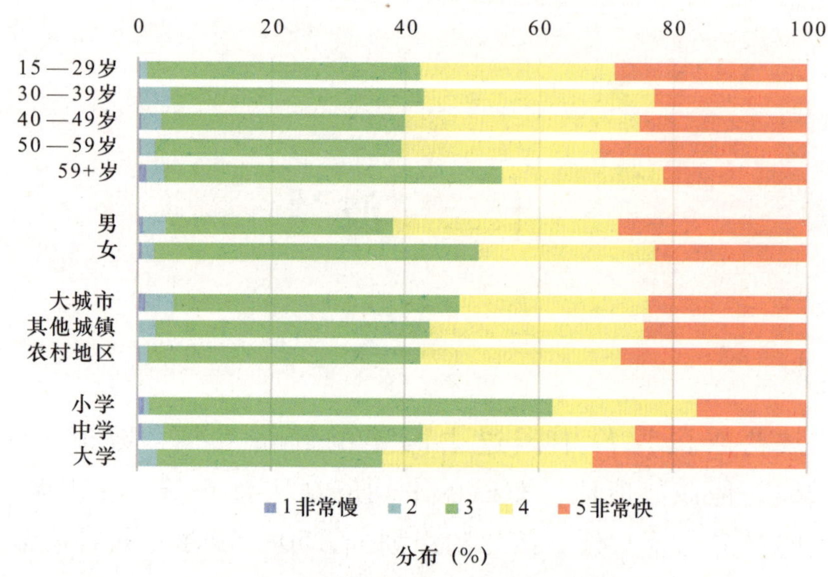

图75 你如何评价中国最近两年的经济发展?

资料来源：中国—中东欧研究院、匈牙利经济研究院（GKI）2017年秋季调查问卷。

根据波兰人民的看法，中国在世界上的重要地位在过去5年有所改善（+34），但该数值比中东欧国家平均值（+43）要低，在被调查国家中排名第14位。按年龄组划分，40—49岁人群是数值高于波兰平均值各组中最高的一组；按性别划分，男性；按居住地划分，居住在大城市居民；按受教育程度划分，受过高等教育人群的数值高于波兰平均值。

波兰居民评估中国和波兰的关系数值为+9，表现为积极，比中东欧的平均值（+1）要好，在被调查国家中排名为第5位。按年龄组划分，40—59岁人群是数值高于波兰平均值各组中最高的一组；按性别划分，男性；按居住地划分，居住在大城市的居民；按受教育程度划分，受过中等教育人群数值高于波兰平均值。

波兰人认为，未来5年，旨在加强中国和中东欧国家之间经贸关系的“一带一路”倡议可能产生积极的影响（+18），

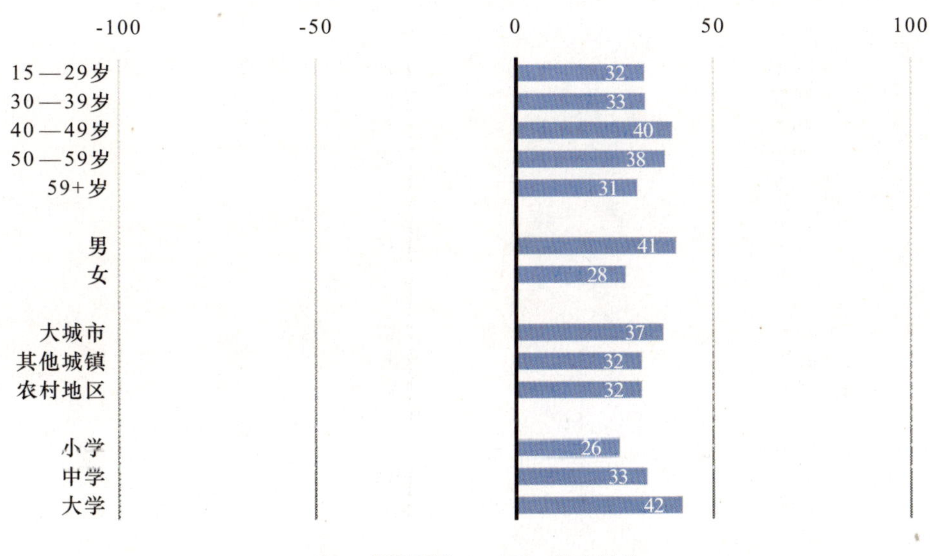

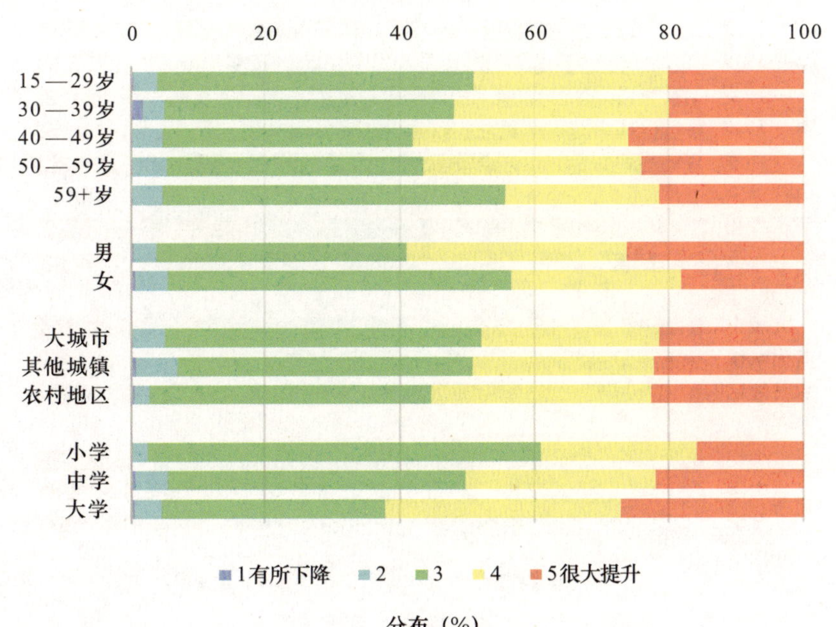

图76 中国最近5年在世界上的重要性如何？

资料来源：中国—中东欧研究院、匈牙利经济研究院（GKI）2017年秋季调查问卷。

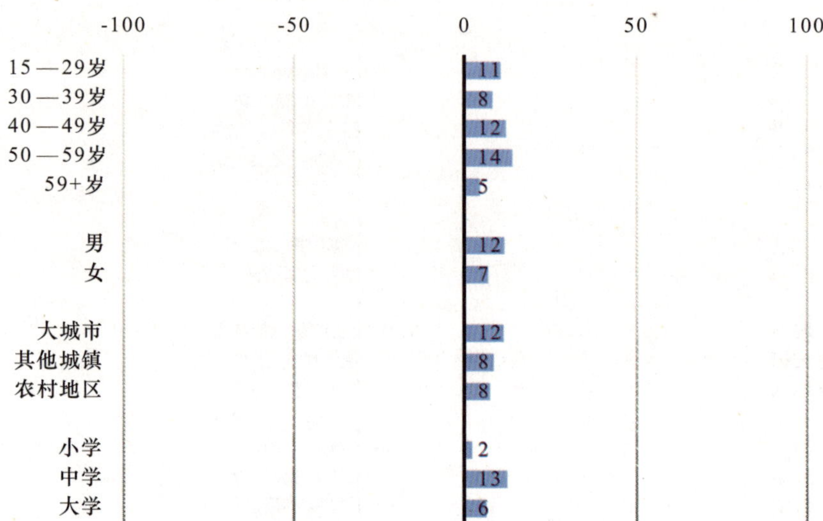

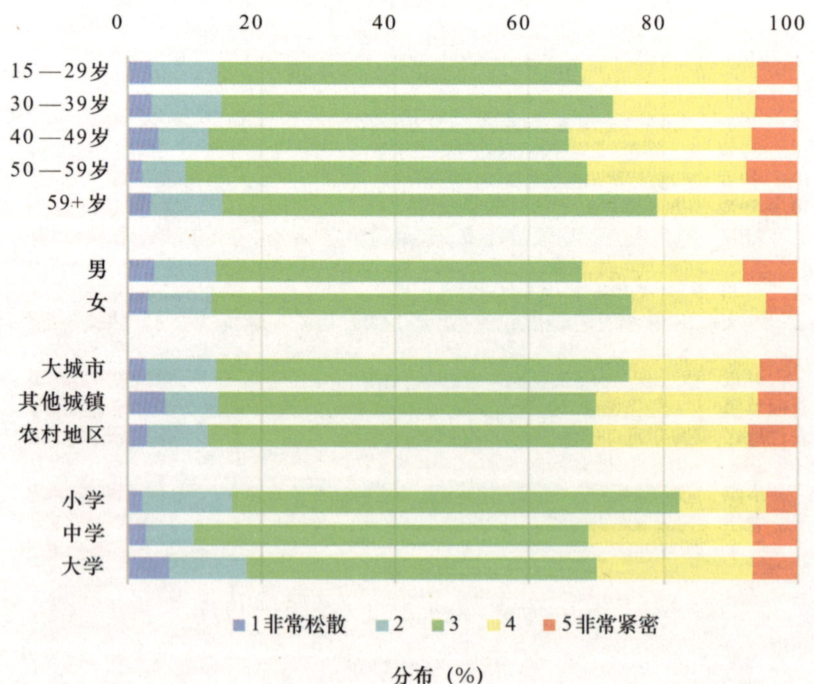

图77 你认为中国与你的国家之间关系如何？

资料来源：中国—中东欧研究院、匈牙利经济研究院（GKI）2017年秋季调查问卷。

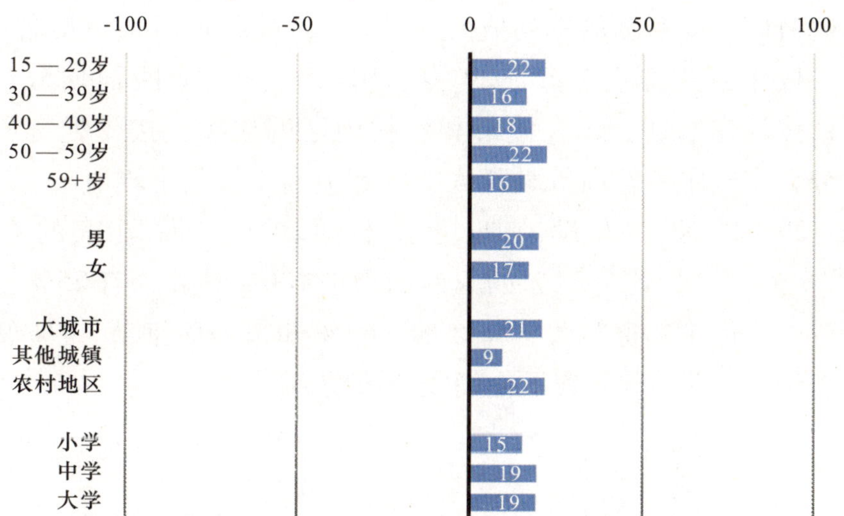

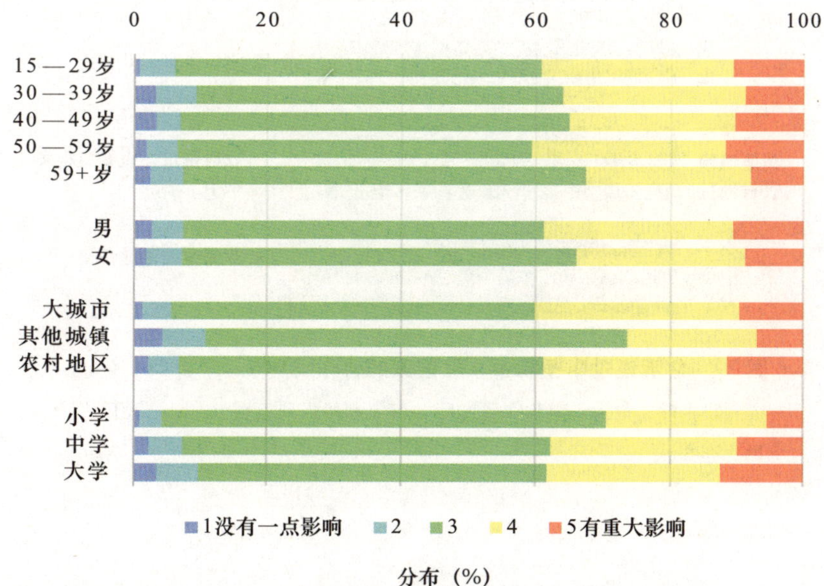

图78　你对旨在加强中国与中东欧国家之间贸易和经济关系的“一带一路”倡议在未来5年所产生的影响如何看待？

资料来源：中国—中东欧研究院、匈牙利经济研究院（GKI）2017年秋季调查问卷。

该数值好于中东欧的平均值（+13），在被调查国家中排名第7位。按年龄组划分，15—29岁、50—59岁；按性别划分，男性；按居住地划分，大城市和农村地区的居民；按受教育程度划分，受过中等及高等教育人群的数值高于波兰平均值。

29%的波兰人没有听说过中国和中东欧国家的合作（“16+1”）。其余71%的人群如果按100%计算，有25%已经听说过，但不知道是关于什么的，67%知道一些细节，7%知道很多细节，只有1%表示他们完全清楚。

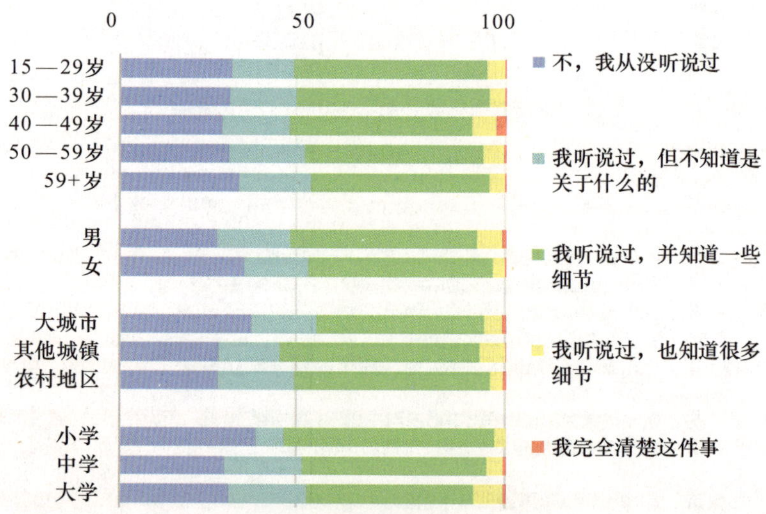

图79　你听说过中国和中东欧国家的合作（“16+1”）吗？（%）

资料来源：中国—中东欧研究院、匈牙利经济研究院（GKI）2017年秋季调查问卷。

十三　罗马尼亚

罗马尼亚居民对中国过去两年经济发展的评估为快速增长（+58），数值远高于中东欧的平均值（+41），在被调查国家中排名第2位。按年龄组划分，40—69岁；按性别划分，男性；按居住地划分，大城市和其他城镇的居民的数值高于罗马尼亚平均值。

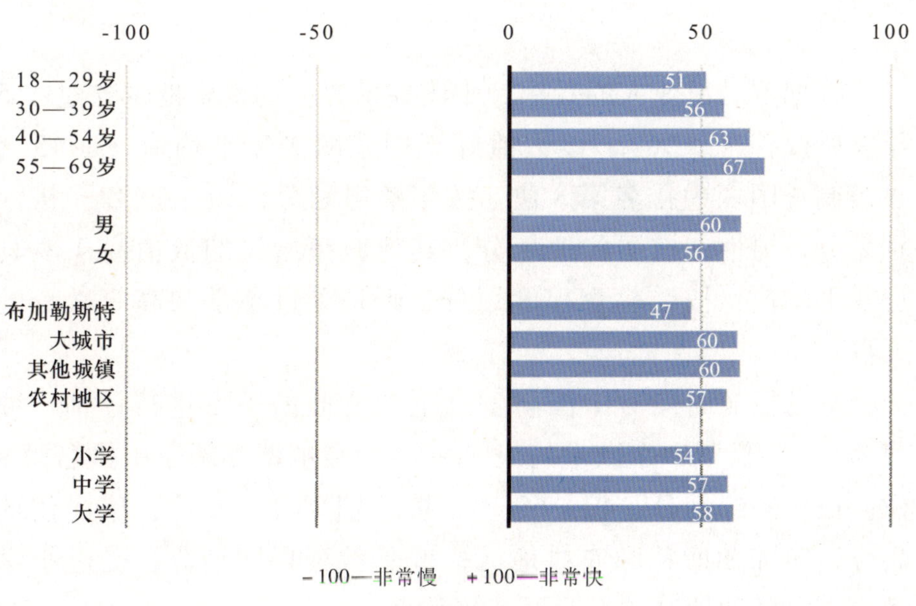

-100—非常慢　+100—非常快

平均值

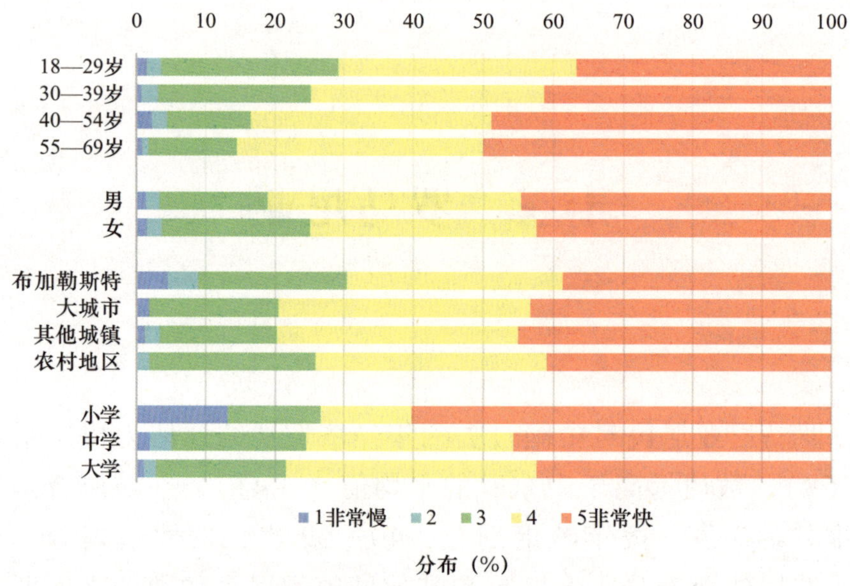

图 80 你如何评价中国最近两年的经济发展?

资料来源：中国—中东欧研究院、匈牙利经济研究院（GKI）2017 年秋季调查问卷。

根据罗马尼亚人的看法，中国在世界上的重要地位在过去 5 年有所改善（+56），该数值好于中东欧国家平均值（+43），在被调查国家中排名第 3 位。按年龄组划分，30—69 岁；按性别划分，男性；按居住地划分，其他城镇居民的数值高于罗马尼亚平均值；按受教育程度划分，则是受过小学和高等教育的人群。

罗马尼亚居民对中国与罗马尼亚之间的关系进行评估，数值为 0，稍低于中东欧平均值（+1），在被调查国家中排名第 9 位。按年龄组划分，40—69 岁；按性别划分，女性；按居住地划分，布加勒斯特和农村地区；按受教育程度划分，受过小学教育人群的数值高于罗马尼亚平均值。

罗马尼亚人认为，旨在加强中国和罗马尼亚之间的经贸关系的“一带一路”倡议在未来 5 年的影响是积极的（+26），该数值高于中东欧的平均值（+13），在被调查国家中排名第 3

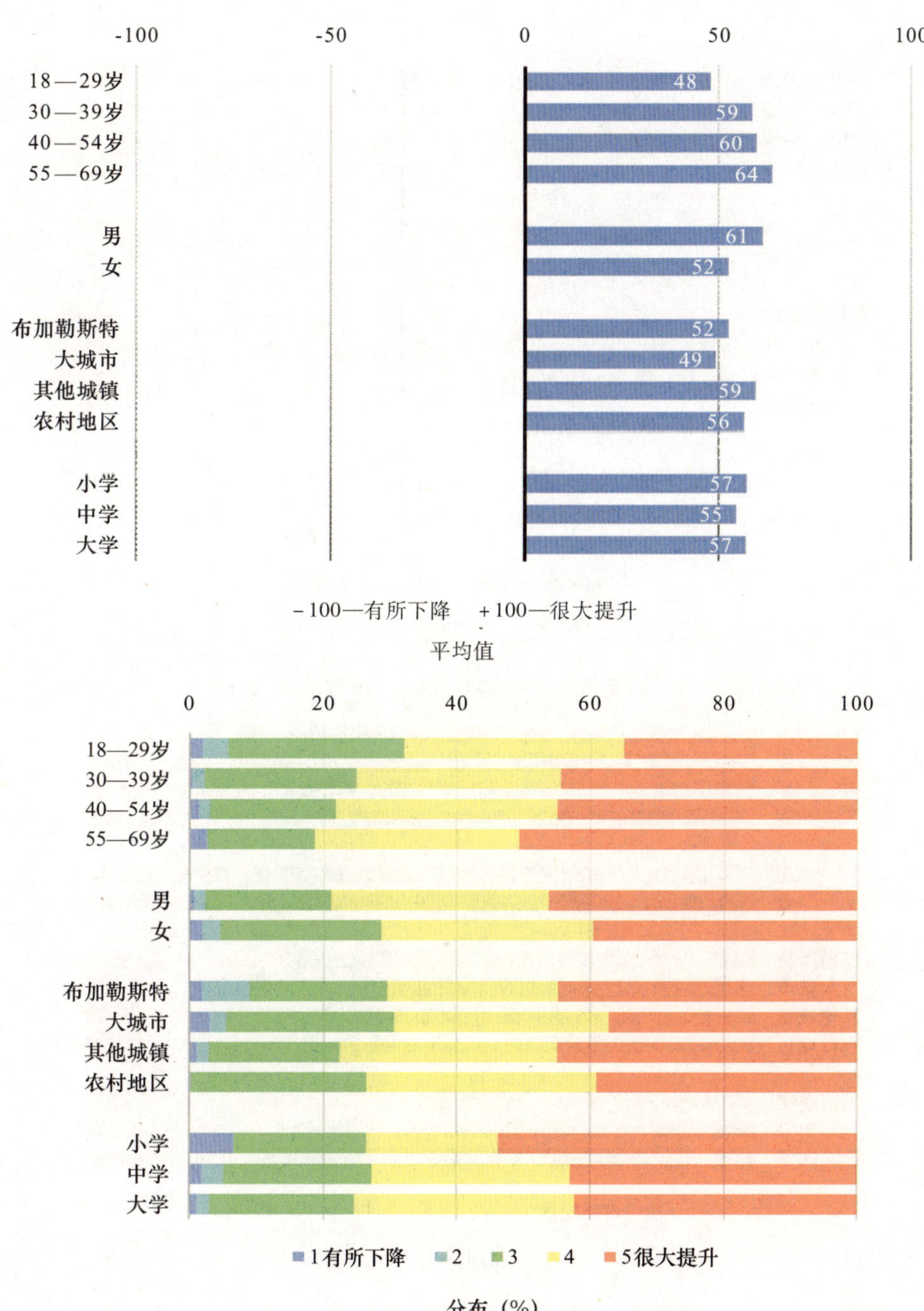

图 81　中国最近 5 年在世界上的重要性如何？

资料来源：中国—中东欧研究院、匈牙利经济研究院（GKI）2017 年秋季调查问卷。

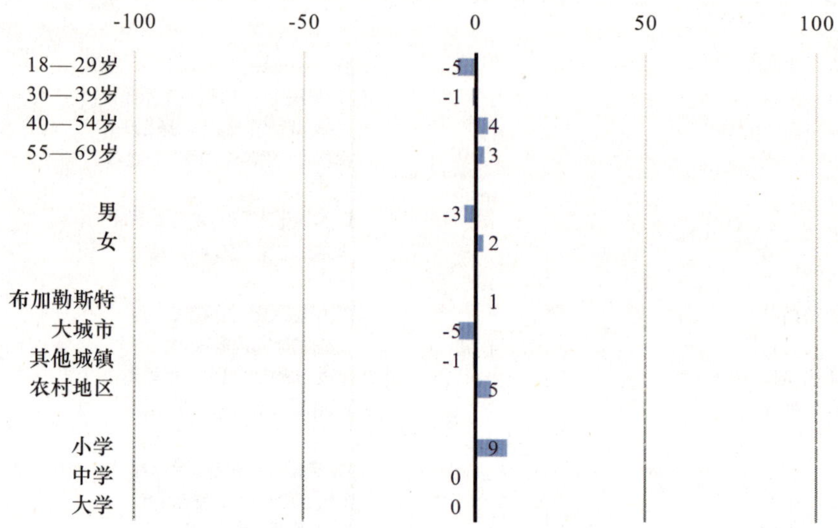

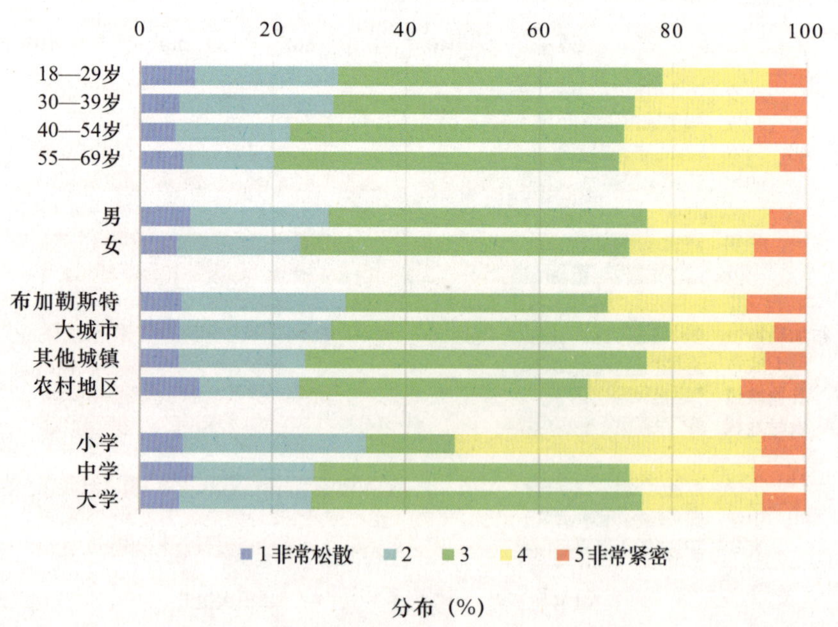

图 82 你认为中国与你的国家之间关系如何？

资料来源：中国—中东欧研究院、匈牙利经济研究院（GKI）2017 年秋季调查问卷。

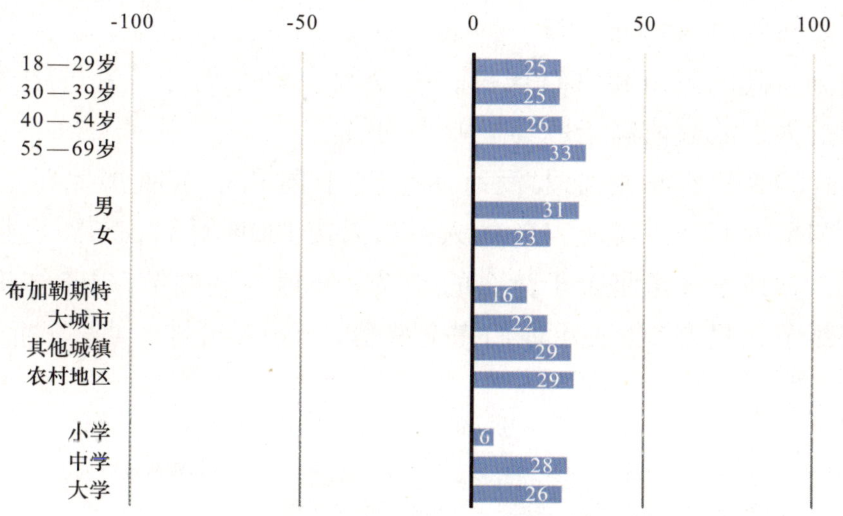

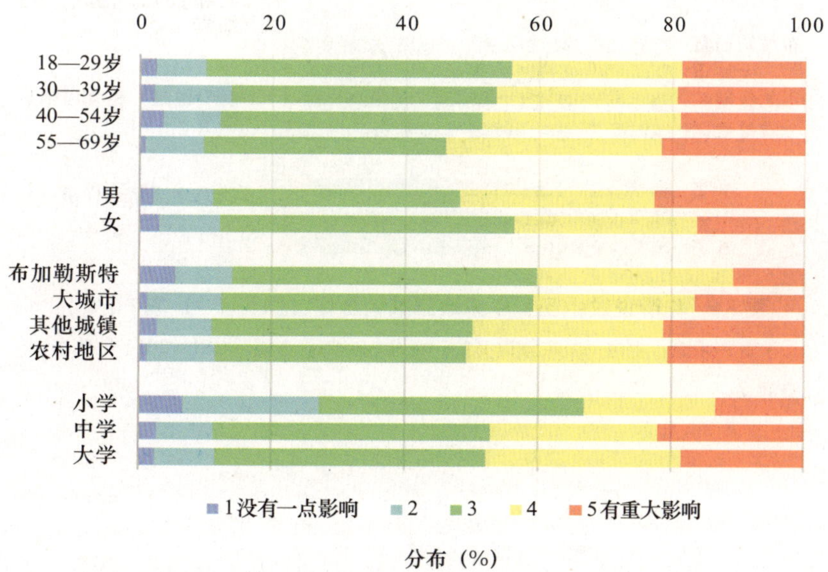

图 83　你对旨在加强中国与中东欧国家之间贸易和经济关系的“一带一路”倡议在未来 5 年所产生的影响如何看待？

资料来源：中国—中东欧研究院、匈牙利经济研究院（GKI）2017 年秋季调查问卷。

位。按年龄组划分，55—69岁；按性别划分，男性；按居住地划分，其他城镇和农村居民；按受教育程度划分，受过中等教育的人群的数值高于罗马尼亚平均值。

29%的罗马尼亚人没有听说过中国和中东欧国家的合作（“16＋1”）。其余71%的人群如果按100%计算，57%已经听说过，但不知道是关于什么的，37%知道一些细节，4%知道很多细节，只有2%表示他们完全清楚。

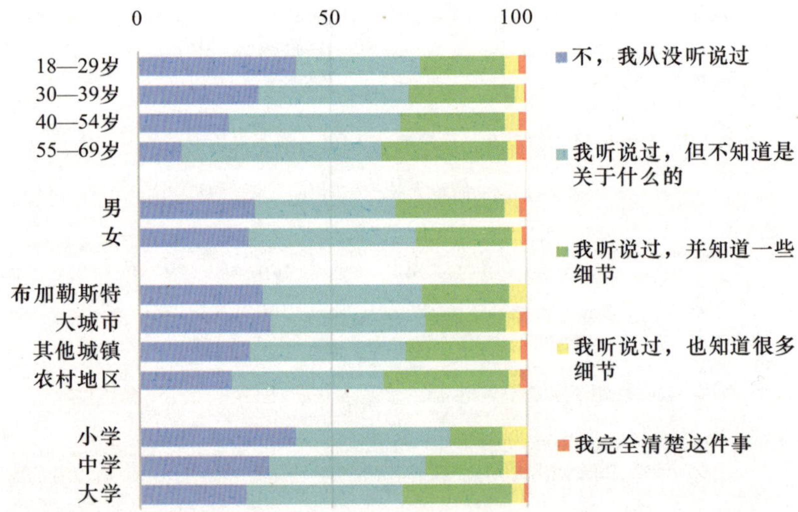

图84 你听说过中国和中东欧国家的合作（“16＋1”）吗？（%）

资料来源：中国—中东欧研究院、匈牙利经济研究院（GKI）2017年秋季调查问卷。

十四　塞尔维亚

塞尔维亚居民对中国过去两年的经济发展评价为快速（+57），高于中东欧的平均值（+41），在被调查国家中排名第3位。按年龄组划分，55—69岁；按性别划分，男性；按居住地划分，城镇居民；按受教育程度划分，受过高等教育人群的数值高于塞尔维亚平均值。

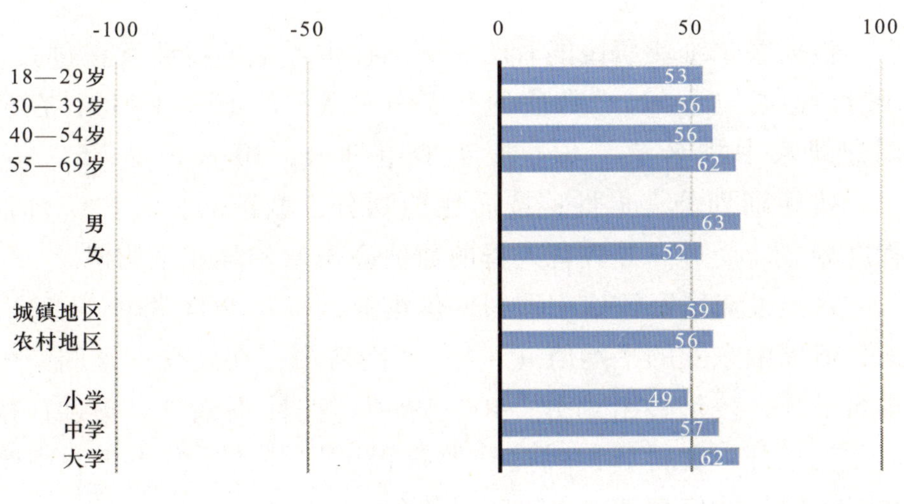

-100—非常慢　+100—非常快

平均值

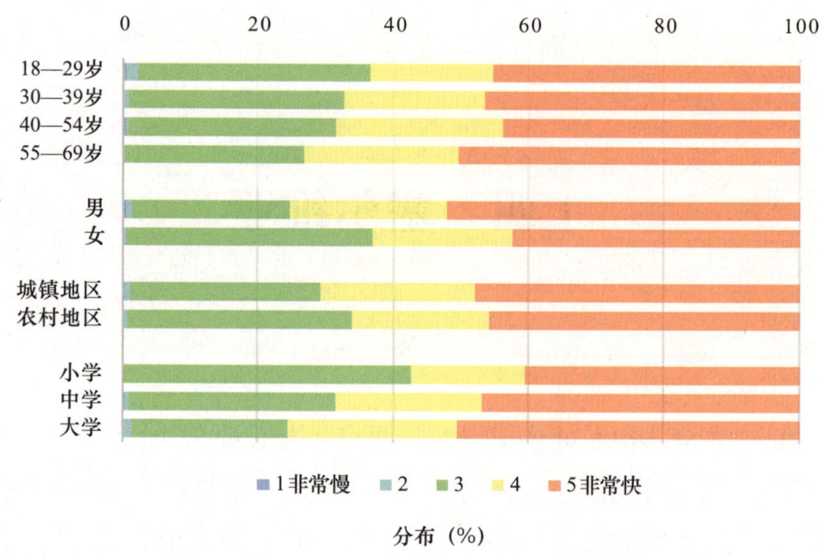

图 85 你如何评价中国最近两年的经济发展？

资料来源：中国—中东欧研究院、匈牙利经济研究院（GKI）2017 年秋季调查问卷。

根据塞尔维亚居民的看法，中国在世界上的重要性在过去 5 年有所改善（+59），数值远高于中东欧平均值（+43），在被调查国家中排名第 2 位。按年龄组划分，30—39 岁、55—69 岁；按性别划分，男性；按居住地划分，城镇居民；按受教育程度划分，受过高等教育人群的数值高于塞尔维亚平均值。

塞尔维亚居民评估中国与塞尔维亚的关系非常紧密（+52），该数值比中东欧的平均值（+1）要高得多，在接受调查国家中排名最高。按年龄组划分，40—69 岁；按性别划分，男性；按居住地划分，农村居民；按受教育程度划分，受过小学、中学教育人群的数值高于塞尔维亚平均值。

塞尔维亚人认为，未来 5 年，“一带一路”倡议可能会给中国与塞尔维亚之间的关系带来非常积极的影响（+31），该数值比中东欧国家的平均值（+13）高出很多，在被调查国家中排名第 1。按年龄组划分，55—69 岁；按性别划分，男性；按居住地划分，城镇居民；按受教育程度划分，受过中等教育人群

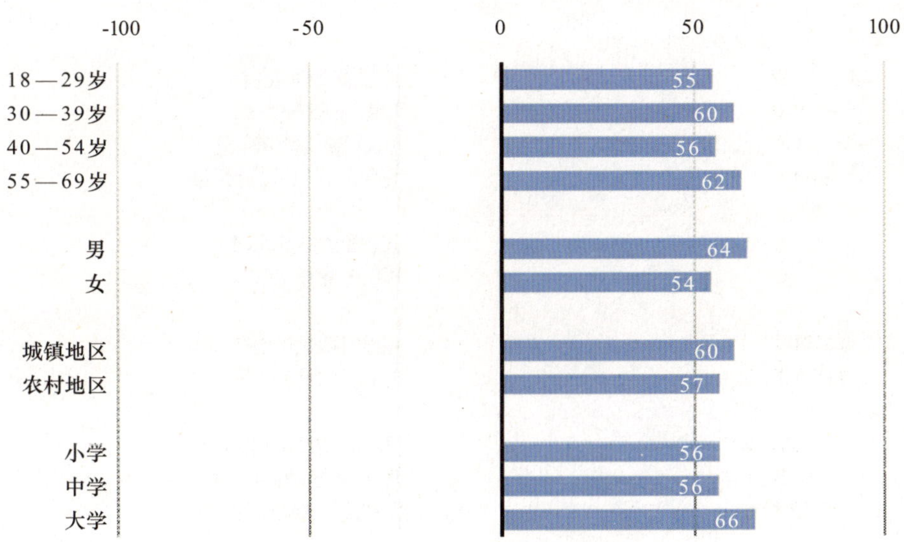

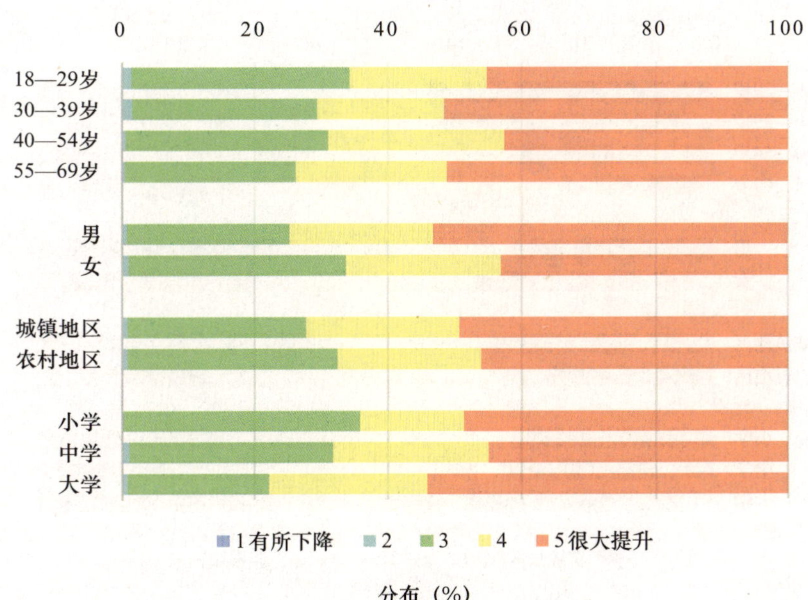

图 86　中国最近 5 年在世界上的重要性如何？

资料来源：中国—中东欧研究院、匈牙利经济研究院（GKI）2017 年秋季调查问卷。

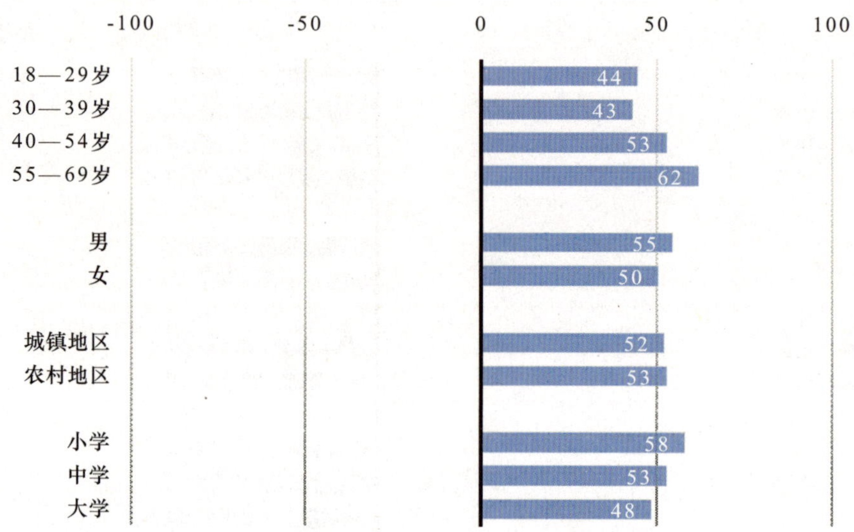

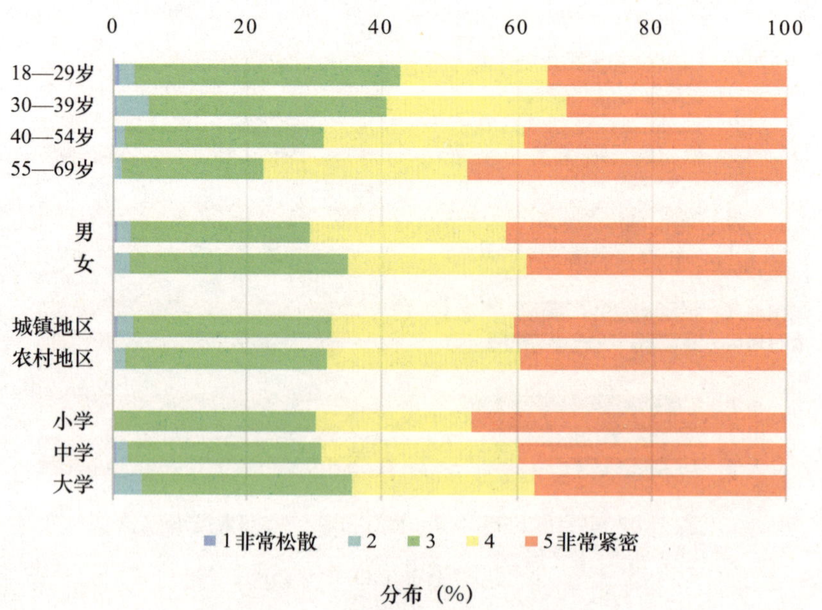

图 87 你认为中国与你的国家之间关系如何？

资料来源：中国—中东欧研究院、匈牙利经济研究院（GKI）2017 年秋季调查问卷。

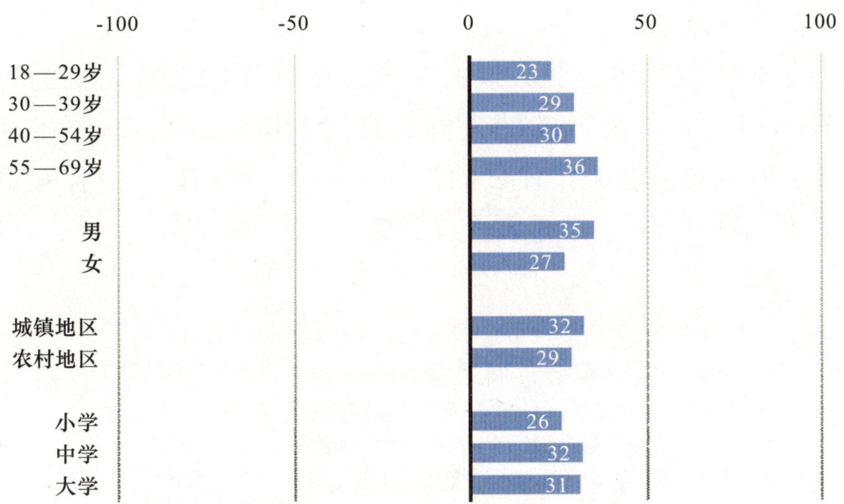

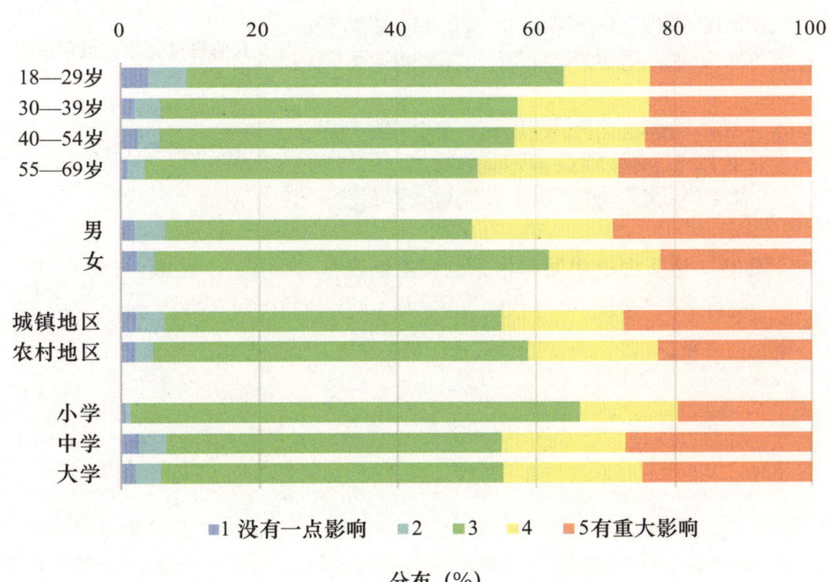

图 88　你对旨在加强中国与中东欧国家之间贸易和经济关系的“一带一路”倡议在未来 5 年所产生的影响如何看待？

资料来源：中国—中东欧研究院、匈牙利经济研究院（GKI）2017 年秋季调查问卷。

的数值高于塞尔维亚平均值。

有30%的塞尔维亚人没有听说过中国和中东欧国家的合作（“16 + 1”）。其余70%的人群如果按100%计算，36%已经听说过，但不知道是关于什么的，58%知道一些细节，4%知道很多细节，只有2%表示他们完全清楚。

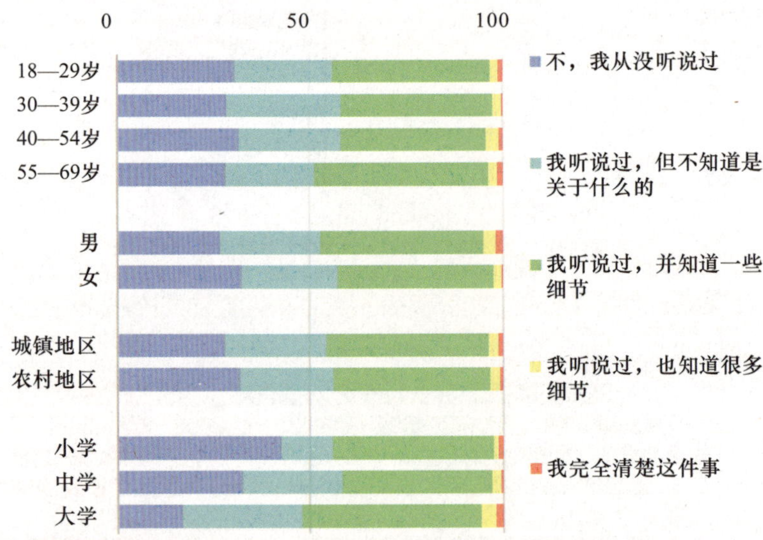

图89 你听说过中国和中东欧国家的合作（“16 + 1”）吗？（%）

资料来源：中国—中东欧研究院、匈牙利经济研究院（GKI）2017年秋季调查问卷。

十五　斯洛伐克

斯洛伐克居民对中国过去两年经济发展状况进行评估的结果是快速增长（+42），该数值略高于中东欧国家的平均值（+41），在被调查的国家中排名第5位。按年龄组划分，40—69岁；按性别划分，男性；按居住地划分，其他城镇和农村地区居民；按受教育程度划分，受过高等教育人群的数值高于斯洛伐克平均值。

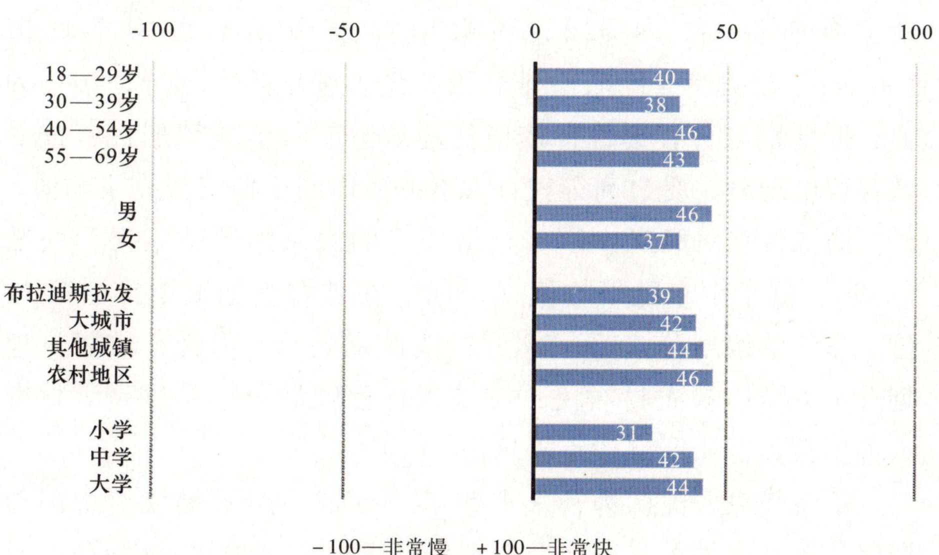

-100—非常慢　+100—非常快

平均值

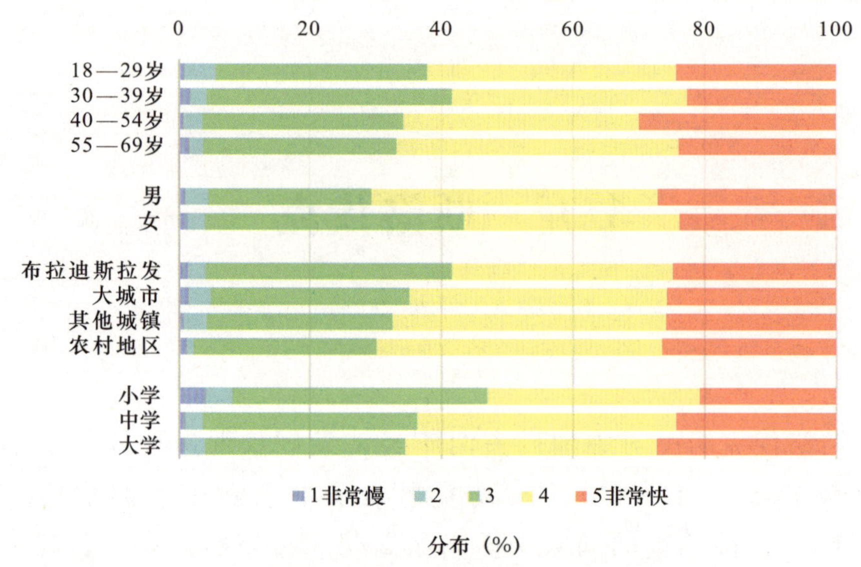

图 90 你如何评价中国最近两年的经济发展？

资料来源：中国—中东欧研究院、匈牙利经济研究院（GKI）2017 年秋季调查问卷。

根据斯洛伐克人民的看法，过去 5 年中国在世界上的重要地位有所提高（+52），该数值高于中东欧国家平均值（+43），在被调查国家中排名第 5 位。按年龄组划分，40—69 岁；按性别划分，男性；按居住地划分，其他城镇居民；按受教育程度划分，受过高等教育人群的数值高于斯洛伐克平均值。

斯洛伐克居民对中国与斯洛伐克的关系的评估结果为松散（-9），低于中东欧平均值（+1），在被调查国家中排名第 11 位。按年龄组划分，18—29 岁；按性别划分，男性；按居住地划分，大城市和农村居民；按受教育程度划分，受过高等教育人群的数值低于斯洛伐克平均值。

斯洛伐克人民认为，未来 5 年“一带一路”倡议对中国与斯洛伐克之间的关系可能会产生积极影响（+20），该数值高于中东欧国家平均值（+13），在被调查国家中排名第 6 位。按年龄组划分，55—69 岁；按性别划分，男性；按居住地划分，其他城镇居民；按受教育程度划分，受过高等教育人群的数值高

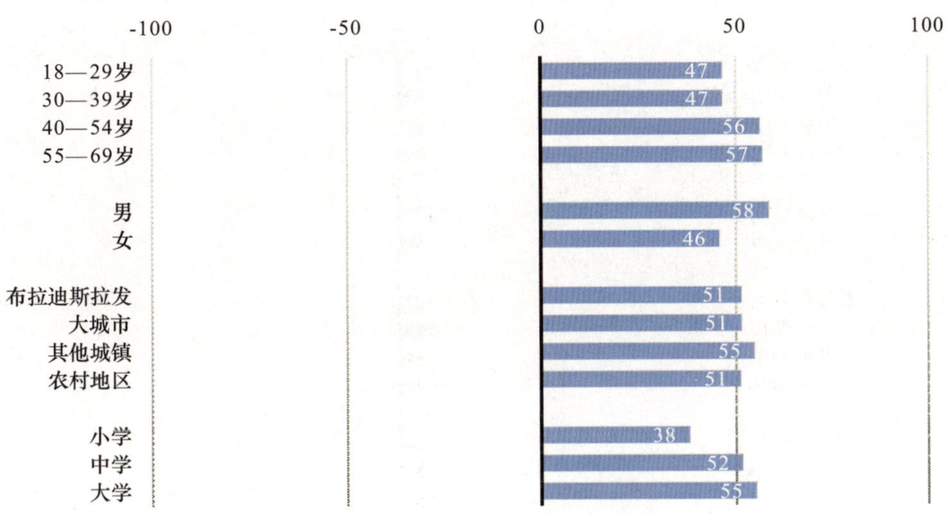

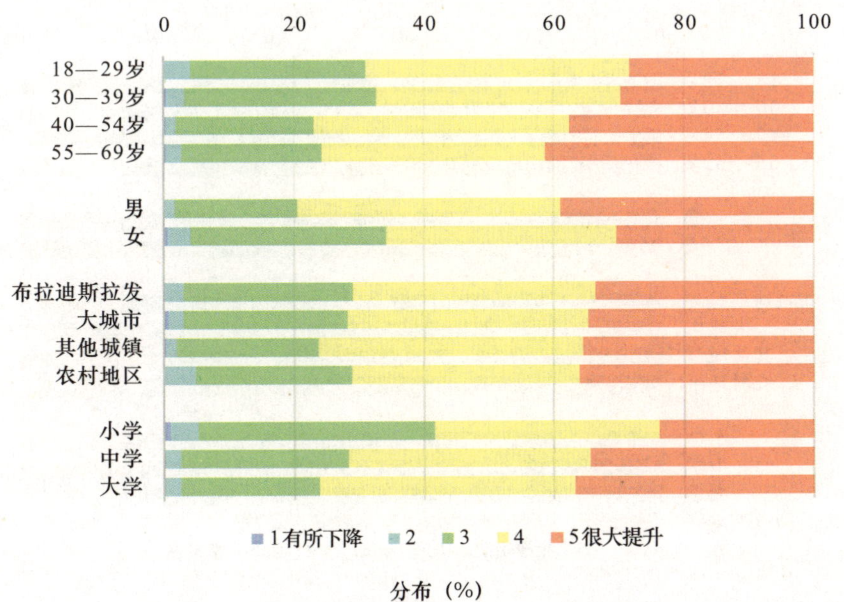

图91　中国最近5年在世界上的重要性如何？

资料来源：中国—中东欧研究院、匈牙利经济研究院（GKI）2017年秋季调查问卷。

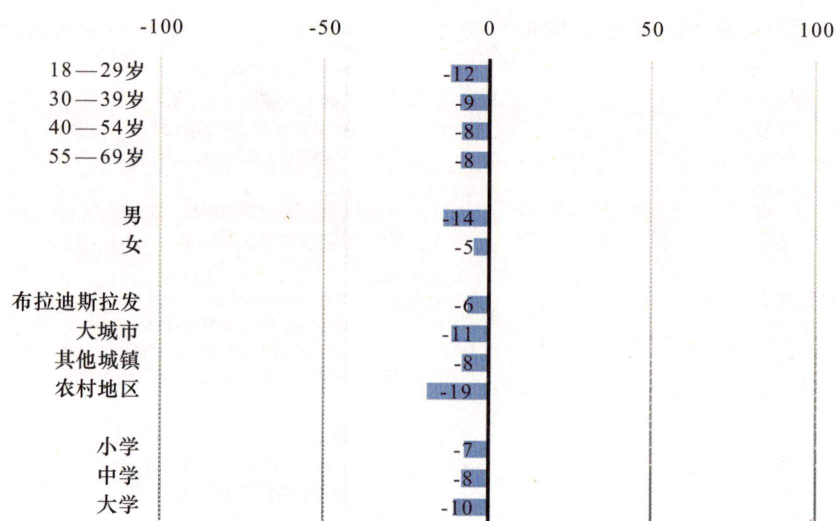

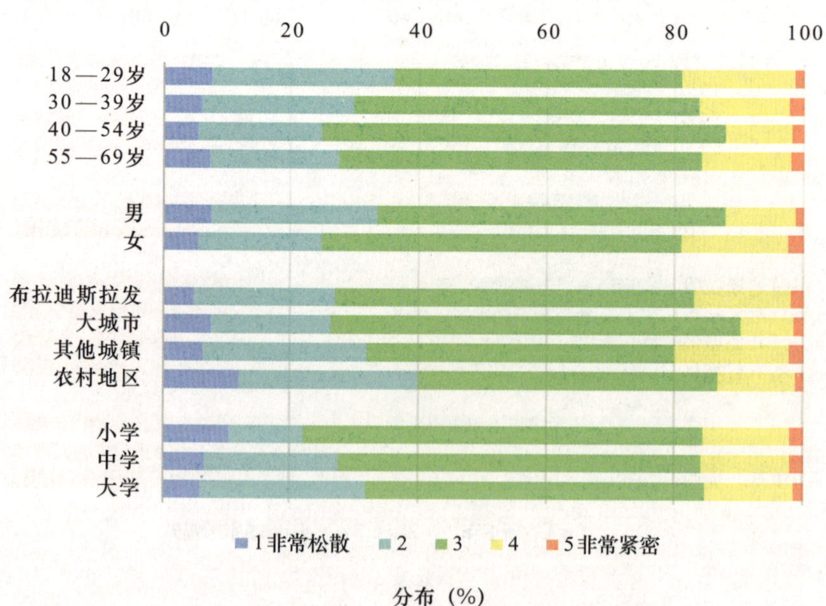

图92 你认为中国与你的国家之间关系如何？

资料来源：中国—中东欧研究院、匈牙利经济研究院（GKI）2017年秋季调查问卷。

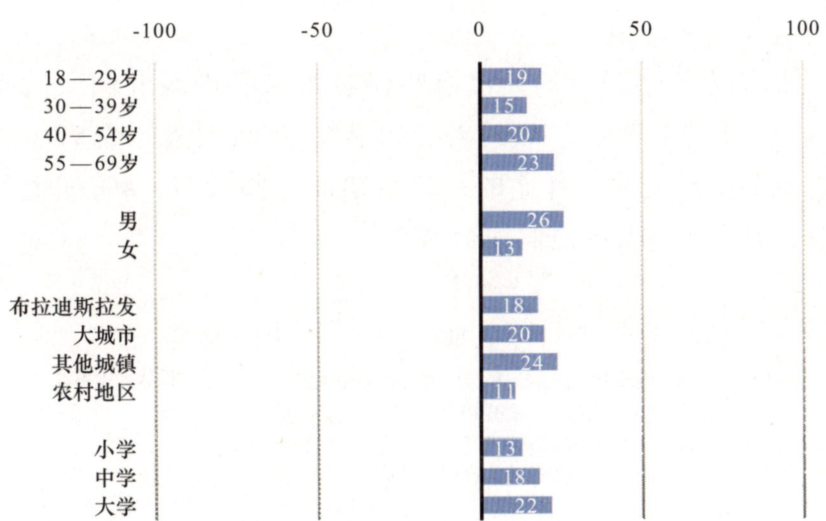

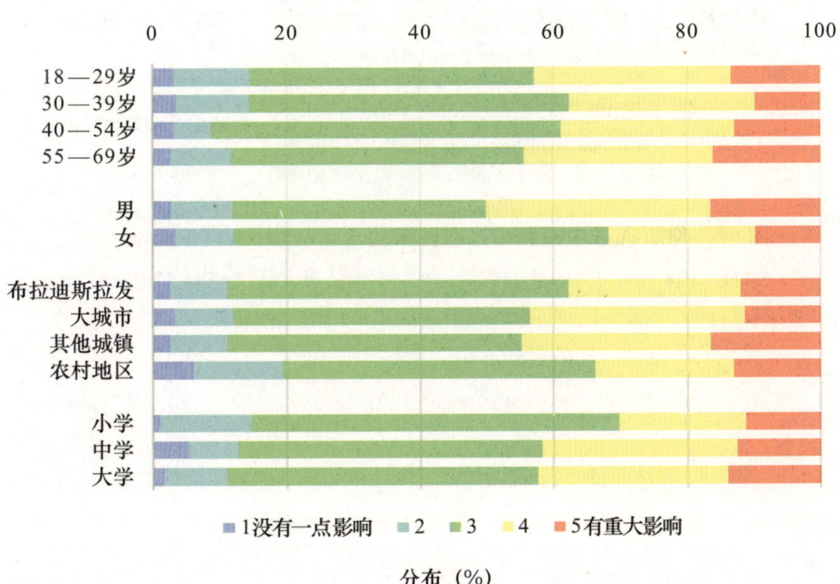

图 93　你对旨在加强中国与中东欧国家之间贸易和经济关系的“一带一路”倡议在未来 5 年所产生的影响如何看待?

资料来源：中国—中东欧研究院、匈牙利经济研究院（GKI）2017 年秋季调查问卷。

于斯洛伐克平均值。

斯洛伐克有43%的人没有听说过中国和中东欧国家的合作（“16 + 1”）。其余57%的人群如果按100%计算，有72%听说过，但不知道是关于什么的，23%知道一些细节，4%知道很多细节，只有1%表示他们完全清楚。

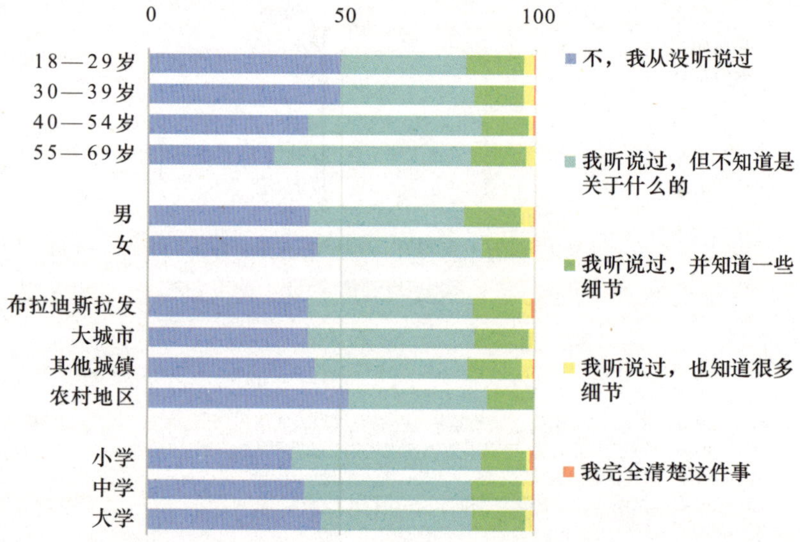

图94 你听说过中国和中东欧国家的合作（“16 + 1”）吗？（%）

资料来源：中国—中东欧研究院、匈牙利经济研究院（GKI）2017年秋季调查问卷。

十六　斯洛文尼亚

斯洛文尼亚的居民对中国过去两年的经济发展进行评估的结果是速度非常快（+61），该数值远高于中东欧平均值（+41），也是被调查国家中排名最高的。按年龄组划分，40—69岁；按居住地划分，大城市和其他城镇居民；按受教育程度划分，受过中等教育人群高于斯洛文尼亚平均值。

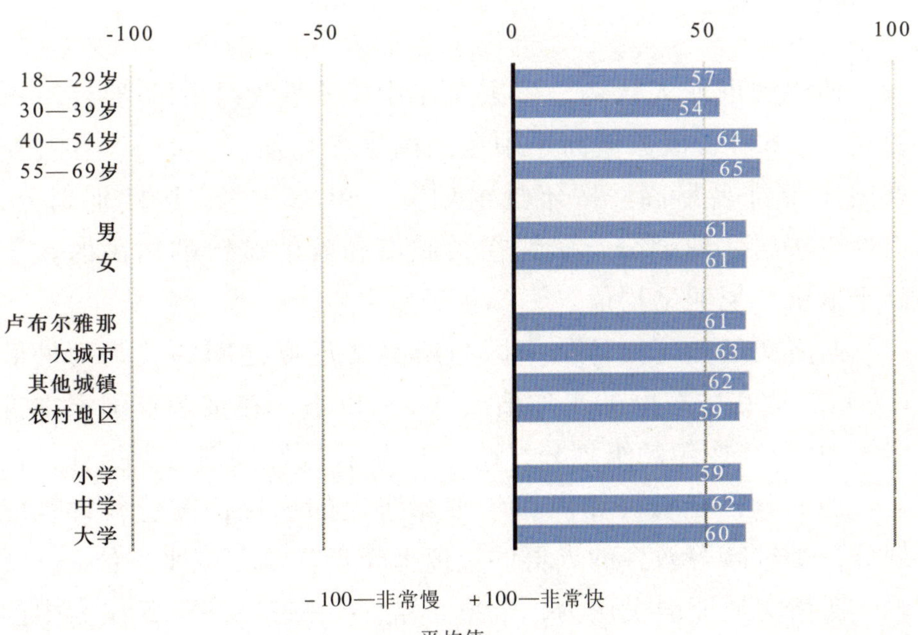

平均值

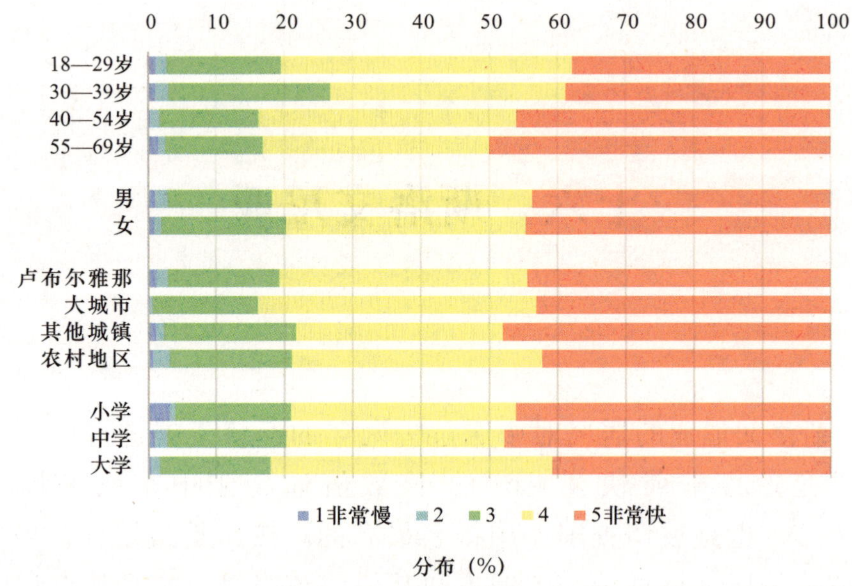

图 95 你如何评价中国最近两年的经济发展？

资料来源：中国—中东欧研究院、匈牙利经济研究院（GKI）2017 年秋季调查问卷。

斯洛文尼亚人认为，过去 5 年中国在世界上的重要性有所提高（+63），该数值高于中东欧国家平均值（+43），在被调查国家中排名最高。按年龄组划分，40—69 岁；按性别划分，男性；按居住地划分，居住在大城市和其他城镇的居民的数值高于斯洛文尼亚平均值。

斯洛文尼亚居民评估中国与斯洛文尼亚之间的关系为松散（-5），这在中东欧的平均值（+1）以下，在被调查国家中排名第 10 位。按年龄组划分，18—29 岁；按性别划分，男性；按居住地划分，在农村和卢布尔雅那居住的居民；按受教育程度划分，受过高等教育的人群的数值低于斯洛文尼亚平均值。

斯洛文尼亚居民认为，未来 5 年，“一带一路”倡议为中国与斯洛文尼亚之间关系可能带来积极影响（+13），该数值与中东欧的平均值（+13）相当，在被调查国家中排名第 9 位。按年龄组划分，30—69 岁；按性别划分，男性；按居住地划分，

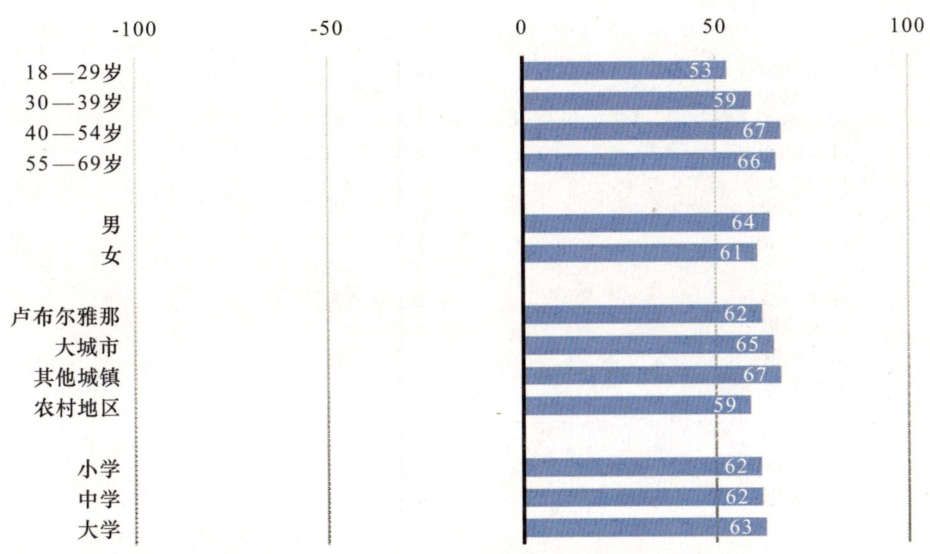

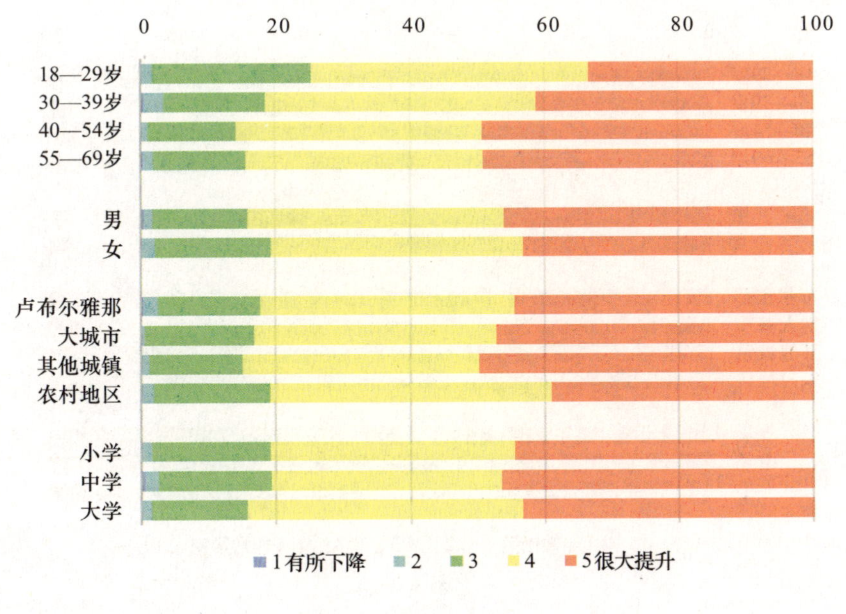

图96　中国最近5年在世界上的重要性如何？

资料来源：中国—中东欧研究院、匈牙利经济研究院（GKI）2017年秋季调查问卷。

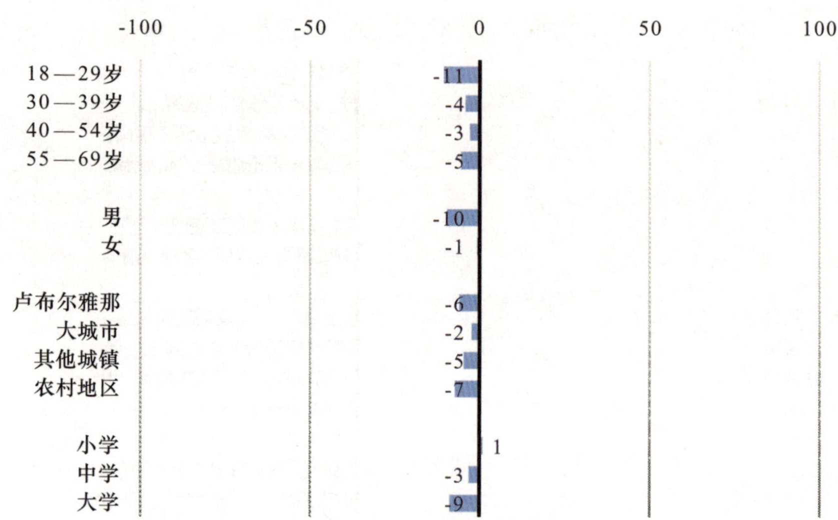

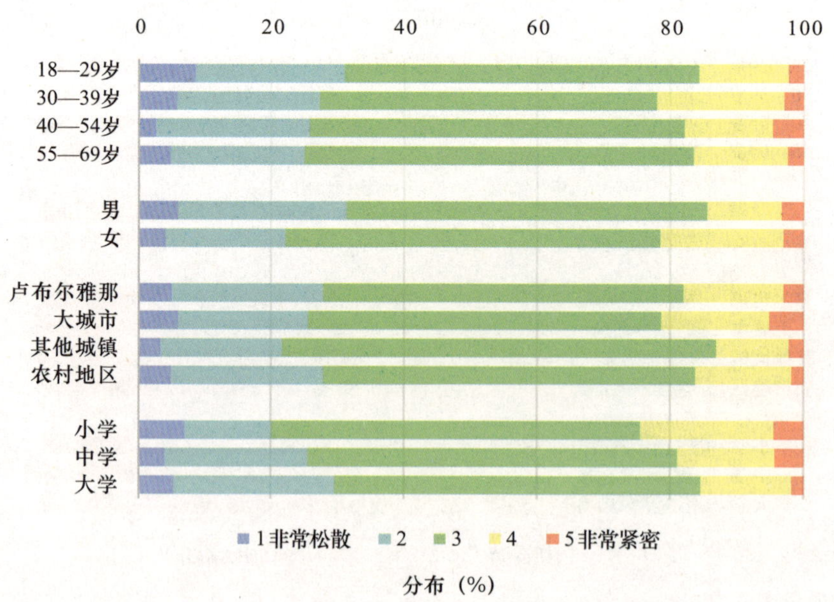

图 97 你认为中国与你的国家之间关系如何？

资料来源：中国—中东欧研究院、匈牙利经济研究院（GKI）2017 年秋季调查问卷。

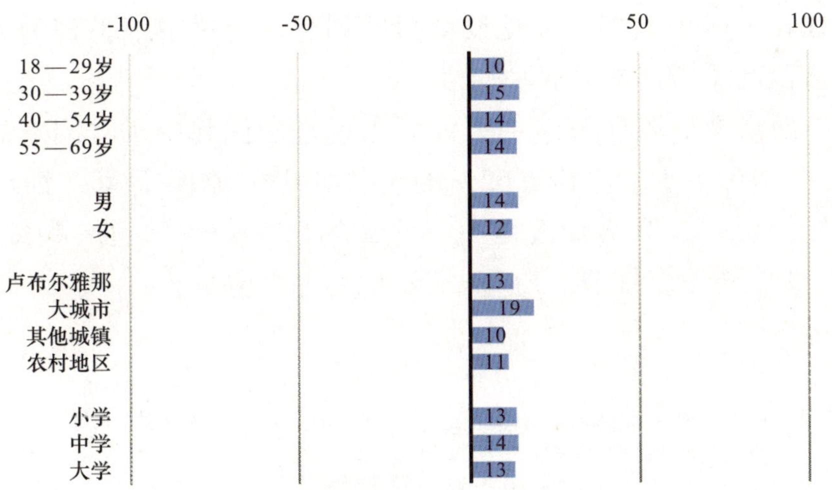

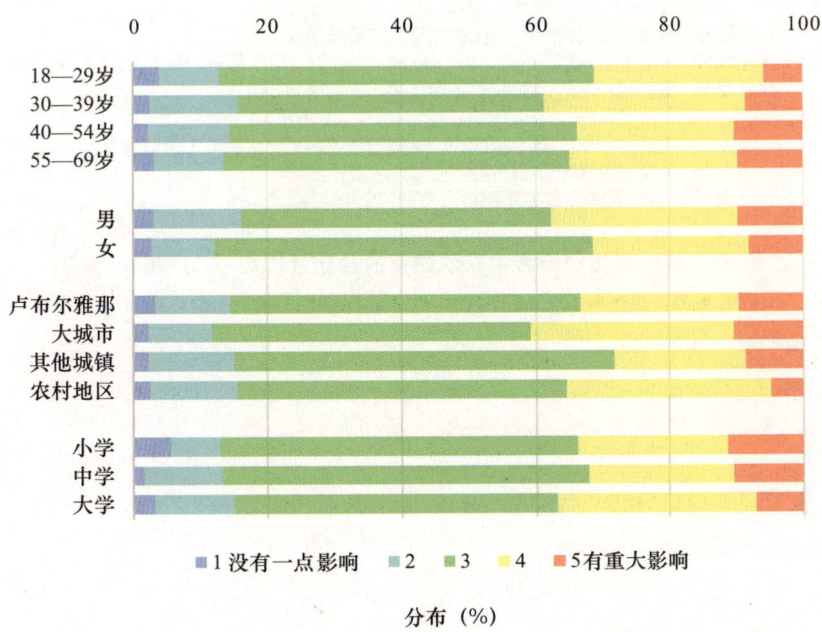

图 98　你对旨在加强中国与中东欧国家之间贸易和经济关系的“一带一路”倡议在未来 5 年所产生的影响如何看待?

资料来源：中国—中东欧研究院、匈牙利经济研究院（GKI）2017 年秋季调查问卷。

居住在大城市人群；按受教育程度划分，受过中等教育的人群的数值高于斯洛文尼亚平均值。

斯洛文尼亚有38%的人没有听说过中国和中东欧国家的合作（“16 + 1”）。其余62%的人群如果按100%计算，约66%已经听说过，但不知道是关于什么的，约28%知道一些细节，约4%知道很多细节，约3%表示他们完全清楚。

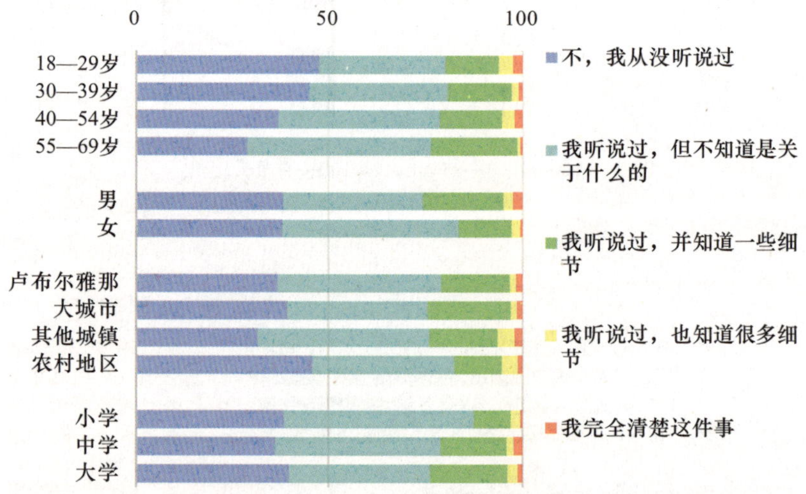

图99 你听说过中国和中东欧国家的合作（“16 + 1”）吗？（%）

资料来源：中国—中东欧研究院、匈牙利经济研究院（GKI）2017年秋季调查问卷。